탈무드 Talmud

엮은이 정창영은 1955년 충남 전동에서 태어나 서울신학대학교를 졸업한 뒤
강릉과 금산에서 목회 활동을 했다. 지금은 언어의 틀이나 도그마의 울타리를 뛰어넘어 만나게 되는
신성(神性)의 빛을 추구하며, 성경을 동양적인 시각에서 재해석하는 작업과 함께 인도, 티베트, 중국 등
동양의 고전과 경전을 쉬운 우리말로 옮기는 일을 하고 있다. 그는 80년대에 『현대어 성서』 번역팀에 참여하면서
고전과 경전 번역에 관한 이론적 기초를 닦았으며 고전 번역을 수행으로 생각하고 있다.
옮기거나 엮은 책으로는 『종교에 매이지 않은 그리스도인』, 『성경에 관한 논쟁』, 『예수와 여성』, 『내면의 불꽃』,
『동양정신과 서양정신의 결혼』, 『창세기의 비밀』, 『초인생활』, 『파탄잘리의 요가 수트라』,
『티벳 사자의 서』, 『있는 그대로』, 『도덕경』, 『바가바드 기타』 등이 있다.

샴발라 총서 3
탈무드

2000년 1월 10일 | 초판 1쇄 발행
2006년 6월 20일 | 초판 3쇄 발행

엮은이 | 정창영
발행인 | 전재국

본부장 | 이광자
편집 팀장 | 이동은
미술 팀장 | 한명선
마케팅 팀장 | 정유한

발행처 | (주)시공사
출판등록 | 1989년 5월 10일(제3-248호)

주소 | 서울특별시 서초구 서초동 1628-1 (우편번호 137-879)
전화 | 편집 (02) 585-1751 · 영업 (02) 588-0833
팩스 | 편집 (02) 585-1247 · 영업 (02) 588-0835
홈페이지 | www.sigongsa.com

값 10,000원

ISBN 89-527-0518-1 04230
        89-527-0515-7 (세트)

파본이나 잘못된 책은 교환하여 드립니다.

샴발라 총서 3

탈무드
Talmud

정창영 엮음

시공사

샴발라 총서를 펴내면서

근원을 탐구하고 세계를 이해하기 위한 인류의 노력은 수많은 흔적으로 남아 있다. 근원을 찾기 위해서 또는 세계를 이해하기 위해서 생을 불사른 사람의 체험은 처음에는 말로, 그리고 다음에는 글로 기록되어 후세에 전달되었다. 우리는 그런 글을 통해서 깨달음에 도달했던 사람의 의식 파동에 공명(共鳴)할 수 있다. 공명의 파장이 클 경우에는 한 사람의 깨달음이 거대한 종교로 발전하기도 한다.

그러나 어떤 사람의 깨달음이 종교로 발전하게 되면 필연적으로 제도와 조직이라는 외적인 구조가 형성되고, 외적인 구조는 세월이 흐르면서 점점 더 단단해진다. 종교의 외적인 구조가 단단해지면 외적인 구조와 종교의 출발점이 되었던 깨달음을 혼동하기까지 한다. 우리가 알고 있는 거의 모든 종교가 이런 길을 밟았다.

하지만 종교의 경직된 구조 속에서도 내면의 깨달음을 추구하는 구도자의 행렬은 끊어지지 않고 이어져 왔다. 이제 인류는 내면의 깨달음을 추구했던 구도자들의 체험에 공통점이 많다는 것을 이해하기 시작했다. 그들이 속해 있던 종교와 문화가 다르고 사용하던 언어가 달랐어도 그들의 체험은 거의 동일하다는 것을 깨닫기 시작한 것이다. 그래서 여러 중심을 인정하는 다원주의(多元主義)가 이 시대의 중요한 정신적인 특징이 되고 있다.

이제 인류의 의식은 자기를 독립된 개체로 보는 시각에서 벗어나서 자기를 우주 의식과 연결된 존재로 인식하는 차원으로 넘어가기 시작했다. 오랜 세월 동안 이성적이고 개인주의적인 사고가 지배하는 세계 밑에서 구도자들의 삶을 통해 가늘게 명맥만을 유지하던 '하나임(Oneness)'이라는 의식의 흐름은 20세기 끝무렵부터는 거역할 수 없는, 홍수처럼 거대한 흐름으로 변하기 시작했다.

　우리는 지금 새천년의 문턱을 넘어가고 있다. 새천년에는 독선적인 종교가 사라지고 여러 중심을 인정하는 사고가 그 자리를 대신할 것이다. 또 새천년에는 인류가 개인주의적인 삶의 방식을 버리고 '하나임'의 네트워크에 연결된 통일체로 살아 가게 될 것이다. 이 총서는 이런 사고, 이런 삶의 방식의 긍정적인 전환을 돕기 위해서 이미 이런 삶을 살다 간 성현들의 삶과 가르침, 그리고 그들의 가르침에 공명한 사람들의 발자취를 더듬어 보기 위해 기획되었다. 지역과 종교와 문화와 시대를 구분하지 않고, '오늘의 언어'로 한 권 한 권 펴내려고 한다.

　총서 이름 '샴발라'는 신화에 나오는, 세계의 중심에 있다는 왕국 이름이다. 신화에 따르면 세상이 파멸로 치닫는 격변의 시대에 샴발라에서 세상을 건질 구원자가 나온다고 한다. 모든 사람은 하나의 세계이며, 세계의 중심 샴발라는 그 가슴이다. 모름지기 이 총서가 존재의 중심인 가슴을 풍요롭게 하는, 그리하여 기쁨으로 충만한 삶으로 인도하는 작은 등불이 될 수 있기를 바란다.

시공사 편집부

탈무드는 마지막 페이지가 없는 책이다. 어떤 식으로 출판을 하든지 마지막 페이지는 항상 백지로 남겨 놓는다. 그 빈 페이지에 자신의 생각을 써 넣으라는 뜻이다. 이것은 탈무드의 편찬 목적이 어떤 문제에 해답을 주기 위함이 아니라 스스로 문제를 해결할 수 있는 능력을 길러 주기 위한 것임을 암시한다.

　유대인은 2천 년이 넘는 세월 동안 나라 없이 세계 곳곳에 흩어져 살았다. 유일신을 섬기는 하나의 신앙과 하나의 율법을 가지고 있었지만, 그들이 살고 있는 다양한 문화 상황에서 그토록 오랜 세월 공통의 신앙과 민족의 동질성을 유지하기란 거의 불가능한 일이었다. 그런데 유대인은 이런 불가능을 넘어서 팔레스타인에 다시 이스라엘을 건국했다. 탈무드는 유대인들이 자신들의 신앙을 포기하지 않으면서 자기들이 처한 색다른 환경에 어떻게 적응할 것인가에 대해 고민한 결과물이다. 그리고 그들은 지금도 이런 고민을 계속하고 있으며, 그 결과가 계속 탈무드에 편입된다. 그래서 탈무드는 완결된 책이 아니라 지금도 쓰여지고 있는 책이다.

　유대인 라비들이 펴 낸 탈무드에 관한 여러 책에서 종교가 다른 우리에게도 도움이 될 것 같은 이야기들을 뽑아 보았다. 이 책도 마지막 페이지가 비어 있다는 생각으로, 그리고 그 페이지에는 독자 자신의 생각을 기록해야 된다는 생각으로 읽으면 좋으리라. 그래서 이 책을 통해 내가 처한 상황에 대해 '생각하는 방식'을 배웠으면 좋겠다.

위봉산성에서 정창영

차례

제1부

סמבכלבו

דרא ביה   כולא ביה
זה הספר של מנחם פיראלי יצ"ו
בו בטח לבי ונעזרתי ויעלוז לבי
ומשירי אהודנו

1장 탈무드에 나오는 이야기들

필요 없는 것이 무엇인가?

사울의 뒤를 이어 이스라엘의 두 번째 왕이 된 다윗은 수많은 전쟁을 치르면서 이스라엘을 강대국으로 성장시킨 인물이다. 그는 어릴 때부터 거미를 싫어했다. 때와 장소를 가리지 않고 아무데나 거미줄을 치는 지저분하고 아무 짝에도 쓸모가 없는 벌레라고 생각했다.

그런데 다윗이 자기를 추적하는 적들에게 포위되어 도망갈 길을 잃었던 적이 있다. 다윗은 할 수 없이 바위 동굴 속에 숨었다. 마침 동굴 입구에 거미 한 마리가 줄을 치고 있었다. 다윗의 뒤를 쫓아온 적병은 동굴 앞에서 일단 멈추고 동굴을 수색하려고 했다. 그러나 입구에 거미줄이 쳐져 있는 것을 보고 그냥 돌아가 버렸다.

다윗은 사울의 사위였다. 그러나 백성들이 사울보다 다윗을 더 좋아한다는 것을 알게 된 사울은 다윗을 죽이려고 했다. 그러나 다윗은 장인이자 왕인 사울을 해칠 수가 없었다. 그래서 사울의 침실에 숨어 들어가 칼을 훔쳐 이튿날 아침에 "나는 이렇게 당신의 칼을 훔쳐 왔습니다. 당신을 죽이고자 했다면 어제 밤에 얼마든지 죽일 수 있었습니다. 하지만 그러지 않았습니다. 그러니 제가 당신을 해치고자 하는 마음이 없다는 것을 아시고 저를 죽이려는 시도를 그만두십시오."라고 말하고 싶었다.

다윗은 간신히 사울의 침실에 숨어 들어가기까지는 했으나 칼을 빼낼 기회가 좀처럼 오지 않았다. 사울이 칼을 다리 밑에 놓고 있었기 때문이다. 다윗은 단념하고 돌아가려고 했다. 바로 그때였다. 모기 한 마리가 사울의 다리 위에 앉았다. 사울은 무의식중에 다리를 움직였다. 그 순간 다윗은 칼을 빼내는 데 성공했다.

다윗은 사울의 추적을 피해 적국인 이웃 나라로 망명하기로 작정했다. 그러나 다윗이 이웃 나라에 도착하자 사람들이 수군거리는 말을 들었다. 다윗이 적국인 이스라엘의 왕이라는 보고가 그 나라 왕의 귀에까지 들어갔다는 것이다. 다윗은 이 말을 듣고 가슴이 뜨끔했다. 그는 그 나라에 있는 것도 안전하지 못하다는 생각이 들었다. 그래서 그는 사람들이 보는 앞에서 미친 척을 하였다. 그들에게 잡혀 있는 동안 그는 미친 사람처럼 행동하여 성문 문짝 위에 아무렇게나 글자를 갈겨쓰기도 하고, 수염에 침을 질질 흘리기도 하였다. 그러자 그 나라의 왕이 신하들에게 소리쳤다. "아니, 미친 녀석이 아니냐? 왜 저런 자를 나에게 끌어 왔느냐? 미치광이가 부족해서 저런 자까지 데려와서 내 앞에서 미친 짓을 하게 하느냐? 왕궁에 저런 자까지 들어와 있어야 하느냐?"

이렇게 해서 다윗은 평소에는 필요없다고 생각하던 거미와 모기와 미치광이 때문에 목숨을 건졌다.

한 사람의 스승으로는 부족하다

"복 있는 사람은……오로지 주의 율법을 즐거워하며, 밤낮으로 율법을 묵상하는 사람이다. 그는 시냇가에 (옮겨) 심은 나무가 철따라 열매 맺으며 그 잎이 시들지 아니함과 같으니, 하는 일마다 잘될 것이다." (시편 1:1-3)

이 구절에 대해 라비 얀나이의 제자들은 이렇게 말한다. "시냇가에 심은 나무가 아니라, 시냇가에 옮겨 심은 나무이다. 이것은 율법을 한 사람의 스승에게만 배우는 것은 완전하지 않으며, 여러 스승에게 배워야 함을 말하는 것이다."

히브리어 '샤툴'은 옮겨 심었다는 뜻이다. 그냥 심었다고 할 때는 '나타'라는 동사를 쓴다. '시냇가'도 단수가 아니라 복수이다. 글자대로 옮기면 '시내들의 옆'이다. 따라서 시냇가에 나무를 '옮겨' 심었다는 것은 학생이 여러 스승에게 배운다는 뜻이다. 아무리 훌륭한 스승이라도 자신의 한계를 가지고 있다. 따라서 한 사람의 스승에게만 배우는 것으로는 율법에 대한 포괄적인 이해를 얻지 못한다.

우상의 힘

아브람의 아버지 데라는 우상을 만들어 파는 사람이었다. 데라는 어느 날 아브람에게 손님이 오면 우상을 팔라고 말하고 볼 일을 보러 나갔다.

손님 한 사람이 와서 우상을 하나 사겠다고 했다. 아브람이 그에게 물었다. "손님 연세가 어떻게 되십니까?" "예순 살쯤 되었소." 그가 대답했다. 그러자 아브람이 놀란 듯이 말했다. "아니 예순 살이나 되신 분이 아직도 이런 낡은 우상을 섬긴다는 말씀입니까?" 그러자 그는 부끄러워하며 그냥 가버렸다.

어떤 여자가 그릇에 밀가루를 가득 담아 가지고 와서 아브람에게 "이것을 저 우상들에게 바쳐 주십시오."라고 말했다. 그러자 아브람은 옆에 있던 막대기로 우상들을 모두 부수어 버렸다. 그리고 그 막대기를 가장 큰 우상의 손에 쥐어 주었다. 일을 다 보고 들어온 데라는 깜짝 놀랐다. "너 도대체 무슨 일을 한 거냐?" "예, 사실대로 말씀드리지요. 어떤 여자가 밀가루를 한 그릇 가지고 와서 아버지께서 만들어 놓은 우상들에게 바쳐 달라고 했어요. 그것을 본 우상 하나가 '내가 제일 먼저 먹겠다'고 했지요. 그러자 다른 우상들도 서로 자기가 먼저 먹겠다고 아우성을 쳤어요. 그런데 저 가장 큰 우상이 막대기를 집어들더니 서로 먼저 먹겠다고 아우성을 치는 작은 우상들을 이렇게 모조리 부수어 버렸어요."

"아니 뭐라고, 너 지금 아비를 놀리는거냐! 저것들이 생각이 있냐 움직일 수가 있냐, 어떻게 그랬다는 말이냐!" 데라가 화를 냈다. 아브람이 말했다. "아버지, 지금 아버지께서 하신 말씀대로입니다. 그래요, 저것들은 생각도 없고 힘도 없어요."

이 일이 있은 후 데라는 아브람을 니므롯 왕 앞에 데리고 갔다. 니므롯이 아브람에게 말했다.

"너는 우상에게 절하기 싫으면 불에게 제사를 드려라."

아브람이 말했다. "불을 이길 수 있는 물에게 제사를 드리는 것이 나을 겁니다."

"그래, 그럼 물에게 제사를 드려라."

"그보다는 물을 품고 있는 구름에게 제사를 드리는 것이 나을 겁니다."

"그래, 그럼 구름에게 제사를 드려라."

"그보다는 구름을 흩어 버릴 수 있는 바람에게 제사를 드리는 것이 나을 겁니다."

"그래, 그럼 바람에게 제사를 드려라."

"아니 그보다는 숨을 쉬며 바람을 몸에 넣고 다니는 사람에게 제사를 드리는 것이 나을 겁니다."

니므롯은 "너 지금 말장난을 하자는 것이냐? 내가 생각하기에는 불이 가장 강하다. 이디 네가 믿는 하느님이 너를 불에서 구원하나 두고 보자." 하고 아브람을 활활 타오르는 불 속에 던져 넣었다. 그러나 아브람은 구원을 받았다.

우상이 내 목욕탕에 들어온 것이다

어느날 라비 감리엘이 아프로디테 여신상이 조각되어 있는 공중 목욕탕에서 목욕을 하고 있었다. 그때 함께 목욕을 하고 있던 로마 사람이 비아냥거리며 물었다. "당신들의 율법에는 우상의 집에 들어가지 말라고 되어 있는 줄로 아는데, 라비는 어찌하여 아프로디테 여신의 집에 들어오셨습니까?"

"우리는 벌거벗고 목욕하는 동안에는 율법에 대해 질문하거나 대답하지 않습니다."

목욕을 끝내고 밖으로 나온 다음, 감리엘이 로마 사람에게 말했다.

"내가 여신의 집에 들어간 것이 아닙니다. 여신이 나의 집으로 들어온 것이지요. 목욕탕은 여신의 신전으로 지은 건물이 아닙니다. 나 같은 사람이 목욕하라고 지은 것이지요. 여신상은 목욕탕을 장식하기 위해 뒤에 조각해 놓은 것일 뿐입니다. 그러니 내가 여신의 집에 들어간 것이 아니라, 여신이 나의 집으로 들어온 것이지요."

껍데기보다는 알맹이를

유대인은 율법을 생명처럼 여긴다. 그래서 율법을 기록한 두루마리와 그것을 보관하는 상자를 아름답게 장식하기도 하고, 율법을 기록한 끈을 옷에 매달고 율법을 담은 작은 상자를 이마에 붙이기도 한다. 다음은 율법을 꾸미는 이런 장식에 대한 이야기이다.

어떤 도시 전체를 산다면 그 도시에 있는 회당도 사는 것이다.

회당을 산다면 회당에 보관하고 있는 율법 상자도 사는 것이다.

율법 상자를 산다면 그 안에 들어 있는 율법 두루마리도 사는 것이다.

율법 두루마리를 산다면 거기에 기록되어 있는 율법을 자기 것으로 할 수 있다.

그러나 율법을 자기 것으로 하기 위해서 율법 두루마리를 살 필요는 없다. 율법 두루마리를 자기 소유로 하지 않아도 율법을 배울 수 있다. 또 율법 두루마리를 자기 것으로 하기 위해서는 율법 두루마리만 사면 된다. 상자까지 살 필요는 없다. 마찬가지이다. 율법 상자를 사기 위해서 회당을 살 필요도 없으며, 회당을 사기 위해서 도시 전체를 살 필요도 없는 것이다.

율법은 그 내용을 깨닫고 행하는 것이 중요하지, 그것을 꾸미는 껍데기 장식이 중요한 것은 아니라는 가르침이다.

하느님은 왜 우상을 파괴하지 않는가?

이스라엘의 장로들이 로마에 있을 때, 어떤 로마 사람이 그들에게 물었다. "당신들의 하느님은 우상 숭배를 금지하는데, 아예 우상을 파괴해 버리면 될 텐데 무엇 때문에 우상을 내버려 두고 우상 숭배를 금지하는지 모르겠소."

장로들이 대답했다. "만약 그것들이 세상에 필요가 없는 것들이었다면 아마 그렇게 하셨을 거요. 하지만 사람들이 해와 달과 별 같은 것을 숭배한다고 그걸 못하게 하기 위해서 해와 달과 별을 파괴할 수는 없지 않겠습니까?"

로마 사람이 장로들에게 말했다. "그렇다면 필요한 것은 내버려 두고 필요없는 것만 없애 버리면 되지 않겠소?"

장로들이 대답했다. "하느님이 만약 그렇게 하신다면 우상을 섬기는 사람들은 기고만장해져서 하늘 높은 줄을 모를 것이오. 그들은 '이것 봐라. 이것이 진짜 신이다. 만약 그렇지 않았다면 유대인의 하느님이 없애 버렸을 것이다.'라고 말하지 않겠습니까?"

도둑질한 밀이라고 싹이 나지 않는 것은 아니다. 하느님은 도둑이 훔친 밀이라고 해서 싹이 나지 못하도록 막지 않는다. 또 어떤 남자가 이웃집 여자와 간통을 했다고 하자. 그래도 그 여자는 아이를 밴다. 하느님은 옳지 않은 성행위이기 때문에 아이가 생기는 것을 막지는 않는다. 마찬가지로 우상을 섬기는 사람이 자기 행위의 결과를 받을 뿐, 하느님은 우상을 파괴하지 않는다.

우상 숭배와 간음

하느님과 이스라엘의 관계는 남편과 아내의 관계와 같다. 이스라엘은 하느님만 섬기고 하느님의 말씀에만 순종해야 한다. 이것이 아내가 남편에게 지키는 정절이다. 아내가 남편을 버리고 다른 남자와 정을 통하는 것은 간음이다. 따라서 이스라엘이 남편인 하느님을 버리고 다른 신을 섬기며 그 신을 섬기는 사람들의 가치관을 따르는 것은 간음이다.

모세가 받은 십계명은 돌판 두 개에 새겨져 있었다. 첫째 돌판의 처음 계명은 "다른 신을 섬기지 마라."(출 20:3)이고, 둘째 돌판의 처음 계명은 "간음하지 마라."(출 20:13)이다. 다른 신을 섬기는 우상 숭배와 다른 남자와 정을 통하는 간음은 이렇게 짝을 이루고 있다.

시간을 어떻게 쓸까?

라비 예후다는 이렇게 말했다. "하루 낮은 12시간으로 되어 있고, 12시간은 3시간씩 넷으로 나누어져 있다. 하느님은 처음 3시간은 앉아서 토라를 공부한다. 다음 3시간 동안은 온 세상을 굽어 살피다가 심판을 하기도 하고 용서를 하기도 한다. 다음 3시간은 온 세상 만물을 먹이고 입히는 일로 보낸다. 그리고 마지막 3시간은 '물 위로는 배들도 오가며, 주님이 지으신 리워야단도 그 속에서 놉니다.'(시 104 : 26)라는 말씀처럼 피조물들과 함께 놀며 즐긴다."

이것은 자기에게 주어진 시간을 어떻게 쓰는 것이 좋은가에 대한 비유이다. 자기 시간의 4분의 1은 토라를 공부하며 자신의 영적인 성장을 위해 써야 하며, 4분의 1은 세상을 좀더 살기 좋은 곳으로 만들기 위해 땀을 흘려야 하고, 4분의 1은 하느님이 자신의 가족인 만물을 먹이고 입히는 것처럼 자기 가족을 위해 일해야 하고, 4분의 1은 긴장을 풀고 편안히 쉬는 것이 좋다는 뜻이다. 이런 균형 잡힌 생활이 하루하루 쌓이면, 인생 전체가 균형 잡힌 삶이 될 것이다.

왜 그랬을까?

모세는 시내 산에 올라가서 하느님과 만나고 있었다. 모세가 산에서 내려오지 않자 평지에 있던 이스라엘 백성은 금송아지 우상을 만들어 놓고 거기에 제사 지내며 자기들의 앞날을 부탁했다. 모세가 율법을 받아 가지고 내려온 다음, 마음을 돌이켜 하느님의 율법에 순종하기로 결정한 사람들은 다 용서를 받았다. 이 사건에 대해 라비 예호수아는 이렇게 말한다.

이스라엘 백성이 금송아지 우상을 만들어 섬긴 것은 과거의 잘못을 뉘우치는 사람에게 회개의 효과를 보여 주기 위한 것이었다. 하느님은, 금송아지 우상을 섬겼으나 회개한 이스라엘 백성에게 "그들이 언제나 이런 마음을 품고 나를 두려워하며 나의 모든 명령을 지켜서, 그들만이 아니라 그 자손도 길이길이 잘 살게 되기를 바란다."(신 5 : 29)고 말씀하셨다.

라비 시몬은 이렇게 말했다.

최고의 성군이었던 다윗은 자기 부하의 아내인 밧세바와 정을 통하는 죄를 범했다. 그러나 그는 자기의 죄를 회개하고 용서를 받았다. 다윗은 "내 마음이 깊은 상처를 받았습니다."(시 109 : 22)라는 말처럼 자신의 실수를 뼈저리게 뉘우쳤다. 사실 그는 그런 나쁜 짓을 할 사람이 아니었다. 이스라엘도 하느님을 배반할 만한 그런 백성이 아니었다. 그럼에도 불구하고 다윗과 이스라엘 백성이 죄에 빠졌던 이유는 무엇인가? 다윗의 경우는, 죄를 범한 개인이 회개를 해도 용서받지 못하면 어쩌나 하고 걱정하지 않도록 하기 위함이다. 이스라엘 백성의 경우는, 죄를 범한 집단이 회개를 해도 용서받지 못하면 어쩌나 하고 걱정하지 않도록 하기 위함이다.

물과 포도주와 우유

"이사야서" 55장 1-3절에는 다음과 같은 말이 있다. "너희 모든 목마른 사람들아, 어서 물로 나오너라. 돈이 없는 사람도 오너라. 너희는 와서 먹되, 돈도 내지 말고 값도 지불하지 말고 포도주와 우유를 사거라. 어찌하여 너희는 양식을 먹지 못하면서 돈을 지불하며, 배부르게 하여 주지도 못하는데, 그것 때문에 수고하느냐? 들어라, 내가 하는 말을 들어라. 그리하면 너희는 좋은 것을 먹을 것이며, 기름진 것으로 너희 마음이 즐거울 것이다. 너희는 귀를 기울이고, 나에게 와서 들어라. 그러면 너희 영혼이 살 것이다. 내가 너희와 영원한 언약을 맺겠으니, 이것은 곧 다윗에게 베푼 나의 확실한 은혜이다."

이 구절에 대해 라비 하니나는 이렇게 말했다. "물은 토라를 가리킨다. 물은 높은 곳에서 낮은 곳으로 흐른다. 마찬가지로 위에서 오는 토라의 말씀은 겸손한 사람의 마음속으로 흘러 들어간다."

라비 오샤야는 이렇게 말했다. "토라를 왜 물과 포도주와 우유에 비유했는지 아는가? 이 세 가지는 항아리나 단지 같은 볼품없는 그릇에 담아 놓아야 한다. 금이나 은그릇에 담아 놓으면 맛이 변한다. 마찬가지로 토라도 마음이 겸손한 사람만이 간직할 수 있기 때문에 물과 포도주와 우유로 비유한 것이다."

또 다른 사람은 이렇게 말했다. "물과 포도주와 우유는 주의를 기울이지 않으면 상한다. 토라 역시 주의를 기울이지 않으면 잊어버리게 되기 때문에 토라를 이 셋에 비유한 것이다."

사령관이 사병들에게 충성을 서약하는가?

옹켈로스라는 로마의 장군이 유대교로 개종했다는 소식을 들은 황제는 군대를 보내 그를 잡아오도록 했다. 그러나 옹켈로스는 자기를 잡으러 온 군인들에게 경전의 말씀을 설명해 주면서 그들을 설득했다. 옹켈로스를 잡으러 갔던 군인들은 그의 말에 설득되어 모두 유대교로 개종했다.

황제는 다른 군인들을 보내면서 "그에게 아무 이야기도 하지 마라."

라고 명령했다. 군인들이 도착하자 옹켈로스가 말했다. "아주 평범한 이야기 한 가지만 하겠네. 로마의 군대가 밤에 행진할 때, 사병이 횃불에 불을 붙여 소대장에게 바친다. 소대장은 중대장에게 바치고, 중대장은 대대장에게, 대대장은 또 자기 윗사람에게 횃불을 바치면서 충성을 맹세한다. 이렇게 해서 횃불은 최고 사령관에게까지 전달된다. 그러면 횃불을 받은 사령관은 그것을 사병들에게 바치면서 사병들의 발 밑을 환하게 밝혀 주는가?"

"그러지 않습니다." 그를 잡으러 온 군인들이 일제히 말했다.

옹켈로스가 말했다. "로마의 군대 사령관은 그러지 않지만, 이스라엘의 거룩한 하느님은 불기둥으로 나타나셔서 이스라엘 백성의 발 밑을 환하게 밝혀 주셨다네." 이 말을 들은 군인들도 유대교로 개종했다.

황제는 다른 군인들을 보냈다. 이번에는 보내면서 이렇게 말했다. "그와는 어떤 이야기도 주고받지 마라."

군인들이 옹켈로스의 집에 도착하자 옹켈로스는 문설주에 써 붙여 놓은 율법을 가리키며 "이게 무언지 아는가?" 하고 물었다. "말씀해 보시오." 군인들은 관심이 없다는듯 퉁명스럽게 대꾸했다.

"이 세상의 관습에 따르면 왕은 궁궐 안에 살고 종들은 밖에서 안에 있는 왕을 지키지 않는가? 그러나 이스라엘의 거룩한 하느님은 이렇게 문 밖에서 안에 있는 자기의 종들을 지켜 주신다네. '주께서는, 네가 나갈 때나 들어올 때나, 이제부터 영원까지 지켜 주실 것이다.'(시 121:8)라고 기록되어 있는 그대로이지."

복 있는 사람

"복 있는 사람은 악인의 꾀를 따르지 아니하며, 죄인의 길에 들어서지 아니하며, 오만한 자들의 자리에 함께 앉지 아니하며, 오로지 주의 율법을 즐거워하며, 밤낮으로 율법을 묵상하는 사람이다."(시 1:1-2)

다음은 이 구절에 대한 라비 시몬의 해설이다.

"악인의 꾀를 따르지 않으면 죄인의 길에 들어서지 않고, 죄인의 길에 들어서지 않으면 오만해지지 않는다. 반대로 악인의 꾀를 따르면 죄인의 길에 들어서고, 죄인의 길에 들어서게 되면 오만해질 것이다. 그리고 오만해지면 '네가 지혜로우면 그 지혜가 네게 유익하지만, 네가 오만하면 그 오만함이 너만 해롭게 할 것이다.'(잠 9:12)라는 말씀처럼 오만함의 쓴 열매를 맛보게 될 것이다."

죽음이 끝이 아니다

착하고 경건한 사람이 있었다. 그는 어느날 저녁에 찾아온 거지에게 넉넉하게 자선을 베풀었다. 그것을 본 그의 아내가 잔소리를 퍼부었다. 아내의 잔소리에 마음이 상한 그는 기분 전환이나 할 생각으로 밖으로 나가 아무 생각 없이 걷다가 공동묘지 근처를 지나게 되었다. 날은 이미 어두워져 있었다.

그 남자는 공동묘지 가운데에서 두 소녀가 이야기를 나누는 소리를 들었다.

한 소녀가 말했다. "얘, 우리 세상으로 내려가서 금년에 어떤 어려운 일이 세상에 닥칠지 한 번 살펴보고 오자."

다른 소녀가 말했다. "그러고 싶지만 나는 거적에 둘둘 말려서 매장되어 있기 때문에 밖으로 나갈 수가 없어. 그러니 너 혼자 가서 보고 나중에 나에게 말해 주렴."

처음 소녀가 세상을 구경하고 돌아오자 그의 친구가 물었다. "그래 금년에는 세상에 어떤 일이 벌어지겠더냐?"

"금년에는 이른 비가 내린 다음에 뿌린 씨는 우박을 맞아서 다 망가진다고 하더라." 세상을 돌아보고 온 소녀가 대답했다.

이 이야기를 들은 남자는 늦은 비가 온 다음에 씨를 뿌렸다. 이른 비가 온 다음에 씨를 뿌린 사람들의 곡식은 우박을 맞아 다 망가졌지만, 이 남자의 곡식은 하나도 피해를 입지 않았다.

다음 해 같은 날 밤, 그 남자는 다시 공동묘지를 찾았다. 그리고 또 두 소녀가 이야기를 나누는 소리를 들었다.

한 소녀가 말했다. "얘, 우리 세상으로 내려가서 금년에 어떤 어려운 일이 세상에 닥칠치 한 번 살펴보고 오자."

다른 소녀가 말했다. "그러고 싶지만 나는 거적에 둘둘 말려서 매장되어 있기 때문에 밖으로 나갈 수가 없어. 그러니 너 혼자 가서 보고 나중에 나에게 말해 주렴."

처음 소녀가 세상을 구경하고 돌아오자 그의 친구가 물었다. "그래 금년에는 세상에 어떤 일이 벌어지겠더냐?"

"금년에는 늦은 비가 온 다음에 씨를 뿌리면 병충해로 다 말라 죽는다고 하더라."

이 이야기를 들은 남자는 이른 비가 온 다음에 바로 씨를 뿌렸다. 늦은 비가 온 다음에 씨를 뿌린 사람들의 곡식은 병충해로 다 말라 죽었지만, 이 남자의 곡식은 하나도 피해를 입지 않았다.

그의 아내가 물었다. "작년에는 다른 사람들이 모두 우박 피해를 보았는데 우리만 피해를 보지 않았고, 금년에도 다른 사람들의 곡식은 병충해로 모두 말라 죽었는데 우리 것만 말라 죽지 않았는데 도대체 어찌된 일이지요?" 그 남자는 아내에게 있었던 일을 사실대로 다 말했다.

며칠이 지난 어느날, 선량한 남자의 아내와 갈대 돗자리에 말아서 매장한 소녀의 어머니 사이에 말다툼이 벌어졌다. 말다툼 끝에 선량한 남자의 아내가 이렇게 말했다. "자기 딸을 사람들 몰래 거적에 둘둘 말아서 파 묻은 주제에 무슨 말이 그렇게 많아!"

다음 해 같은 날 밤, 그 남자는 다시 공동묘지를 찾았다. 그리고 또 두 소녀가 이야기를 나누는 소리를 들었다.

"얘, 우리 세상으로 내려가서 금년에 어떤 어려운 일이 세상에 닥칠지 한 번 살펴보고 오자." 다른 소녀가 말했다. "얘, 조용히 해. 우리가 하는 이야기를 산 사람들이 다 들었다고 하더라."

죽은 소녀는 어떻게 자기들이 나눈 이야기를 산 사람들이 들었다는 것을 알았을까? 아마 뒤에 죽어서 묘지로 온 다른 사람이 알려 주었을 것이다.

이것은 죽은 자의 세계와 산 자의 세계가 별도로 떨어진 세계가 아니라는 것, 그리고 죽음이 끝이 아니라는 것을 보여 주기 위해 만든 이야기이다.

금을 먹을 수 있는가?

마케도니아의 알렉산더 대왕이 카시아 왕을 방문했다. 왕은 그에게 많은 금과 은을 보여 주었다. 알렉산더가 왕에게 말했다. "나는 금과 은을 보러 온 것이 아니오. 나는 당신들의 습관과 품위, 그리고 당신들이 정의를 어떻게 실천하는가를 보고 싶어서 왔소."

그들이 이런 대화를 나누고 있는데 두 사람이 찾아와서 자기들의 문제를 해결해 달라고 요청했다. 한 사람이 말했다. "제가 저 사람한테 쓰레기더미가 쌓여 있는 밭을 샀는데, 쓰레기를 치우다 보니 그 속에서 금덩이가 나왔습니다. 저는 밭을 산 것이지 쓰레기더미 속에 묻힌 금덩이를 산 것이 아닙니다. 그러니 금덩이는 저 사람 것이지요."

그러자 밭을 판 사람이 말했다. "저는 밭과 함께 거기에 있는 모든 것을 팔았습니다. 그러니 금덩이는 저 사람 것입니다."

그들이 이렇게 자기 주장을 펴고 있을 때 왕이 한 사람에게 물었다. "그대에게 아들이 있는가?" "예, 있습니다."

왕이 다른 사람에게 물었다. "그대에게 딸이 있는가?" "예, 있습니다."

"그럼 됐다. 그들을 결혼시키고 금덩이를 그들에게 주어라."

이것이 왕의 판결이었다. 그것을 보고 있던 알렉산더가 큰소리를 내며 웃었다. 그러자 카시아 왕이 물었다. "아니, 왜 웃으십니까? 제가 판결을 잘못 내렸나요? 대왕 같으시면 이럴 때 어떻게 하시겠습니까?"

"나라면 두 사람을 죽이고 내가 보물을 차지하겠소." 알렉산더는 비웃는 투로 이렇게 말했다.

그날 밤 카시아 왕은 알렉산더를 위해 연회를 베풀었다. 식탁 위에 금으로 만든 고기와 칠면조가 올라와 있었다.

"이것을 먹으라고 차려 놓은 것이오? 당신네 나라에서는 이런 걸 먹는다는 말이요?"

알렉산더가 이렇게 말하자, 카시아 왕이 냉소하듯이 대꾸했다.

"아니, 대왕께서는 금을 그렇게 좋아하시더니 잡수시지는 못하신다는 말씀입니까?"

카이사 왕이 말을 이었다.

"대왕의 나라에도 비가 옵니까?"

"그럼요."

"대왕의 나라에도 햇빛이 비칩니까?"

"아니, 해가 비치지 않는 나라도 있습니까?"

"대왕의 나라에 작은 가축이 있습니까?"

"그럼요, 있고말고요."

"그렇군요. 대왕이 천벌을 면하고 지금까지 살아 계신 것은 그 가축들 공덕입니다. 대왕 같은 마음가짐으로는 도저히 살아 있을 수가 없었을 것입니다."

정의

어떤 라비가 다리를 건너가는데 한 사람이 다가와서 그를 부축하려고 손을 내밀었다. 라비가 물었다.

"당신은 왜 이렇게 나에게 친절을 베푸시오?"

"나를 고소한 사건이 있습니다."

그러자 라비가 대답했다.

"나는 그것을 결정할 권한이 없소."

 화해자가 받을 상

어떤 라비가 저잣거리에 서 있을 때 엘리야가 그 앞으로 걸어왔다. 라비가 엘리야에게 물었다.

"이 저잣거리에 앞으로 올 세상에서 상을 받을 사람이 있습니까?"

엘리야는 그렇다고 대답했다. 조금 후에 두 사람이 다가왔다. 그때 엘리야가 말했다.

"이 사람들이 앞으로 올 세상에서 상을 받을 사람들이오."

라비가 그들에게 물었다.

"당신들 직업이 뭐요?"

"우리는 광대입니다. 우스꽝스러운 모습으로 떠들고 웃으며 사람들을 즐겁게 해 주는 사람들이죠. 마음속에 괴로움이 가득한 사람도 저희들만 보면 웃습니다. 싸우고 있던 사람들도 저희들을 보면 마음이 풀어져서 서로 악수를 하고 화해를 하지요."

 축복받은 결혼의 어려움

로마의 어떤 귀부인이 라비 요세에게 물었다. "당신들의 하느님은 세상을 창조하는 데 시간이 얼마나 걸렸습니까?"

"6일이 걸렸습니다."

"그럼 그 후로 지금까지 무엇을 하고 계십니까?"

"축복받은 결혼을 주선하고 계십니다."

"그것이 당신들의 하느님이 하시는 일입니까? 그 정도는 저도 할 수 있습니다. 저에게는 남종과 여종이 많은데, 저는 아주 짧은 기간 안에 그들을 모두 짝지어 줄 수 있습니다."

라비 요세가 말했다. "그것이 부인 눈에는 간단한 일처럼 보일지 모르지만, 하느님에겐 진정으로 축복받은 결혼이 되게 하는 일이 홍해를 가르는 것만큼 어려운 일이랍니다."

아버지와 딸

딸이란 아버지에게는 아무 소득도 없는 보물이다. 보물을 가지고 있는 사람처럼, 아버지는 딸 걱정으로 밤잠을 못 이룬다. 어려서는 다치지 않도록, 사춘기에는 그릇된 생각에 빠지지 않도록, 처녀가 되면 못된 남편을 만나지 않도록, 결혼을 한 다음에는 자식을 못 낳게 될까봐서, 늙어서는 요물이 되지 않을까 걱정한다.

부모 공경과 하느님 공경

하느님은 부모를 공경하지 않는 사람들과 함께하지 않는다. 자식들이 부모를 공경하지 않고 곤궁한 처지에 있게 하면 하느님은 이렇게 말씀하신다. "내가 저들과 함께 있지 않기를 잘했다. 저들과 함께 있었더라면 나도 곤궁한 처지에 빠지고 말았을 것이다."

아버지에게 기름진 고기를 드리고도 지옥 가는 사람이 있고, 아버지에게 방앗간에서 방아를 찧게 하여도 천당 가는 사람이 있다. 앞의 사람은 아버지가 "애야, 어디서 이런 맛있는 고기를 구했니?" 하고 묻자, 귀찮다는 듯이 "아버지, 그냥 잡수시기나 하세요. 그런 건 알아서 뭐 하시게요?"라고 대답하는 사람이다. 뒤의 사람은 방아를 찧고 있을 때 나라에서 방아꾼을 모두 잡아들이라는 명령이 내려오면 "아버님, 아버님께서 방아를 찧고 계세요. 제가 가겠습니다. 모욕을 당해도 제가 당하는 게 낫고, 매를 맞아도 제가 맞는 게 낫지요."라고 말하는 사람이다.

아직 절반도 행하지 못했다

효성이 지극한 타르폰이라는 청년이 있었다. 그는 병든 어머니가 침대에 오르내릴 때면 엎드려서 자기 등을 밟고 오르내리도록 했다. 한번은 어머니가 마당에 나갔다가 들어오다가 신발이 벗겨졌다. 그는 자기 손을 어머니 발 밑에 받쳐 드렸다. 어머니가 침대에 오르실 때까지 계속 손을 번갈아 어머니 발 밑에 깔아 드렸다.

어느날 라비가 병 문안을 왔다. 어머니는 라비에게 "병든 에미를 분수에 넘치도록 공경하는 제 아들을 위해 기도해 주십시오."라고 말했다. 아들이 어머니에게 어떻게 하였느냐는 질문에 그동안의 일을 말해 주자 라비는 놀랍게도 이렇게 말하는 것이었다.

"그가 그보다 백만 배를 더하여도 부모를 공경하라는 토라의 말씀을 아직 절반도 행하지 못한 것입니다."

32

ברוך אתה יי אלהינו מלך העולם
שהחינו וקימנו והגיענו לזמן הזה

당신이 무슨 상관이오?

고라가 모세에게 반기를 들었다. 지도자 위치에 있던 250명의 남자가 고라의 편에 섰다. 하느님은 고라와 고라의 편에 선 사람들을 모두 멸망시키기로 작정했다. 그러자 모세가 엎드려 간청한다. "하느님, 모든 육체에 숨을 불어넣어 주시는 하느님, 죄는 한 사람이 지었는데, 어찌 온 회중에게 진노하십니까?"(민 16:22)

다음은 이 사건에 대한 라비 힐렐의 비유이다.

배 안에 많은 사람이 타고 있었다. 그런데 어떤 사람이 송곳으로 배의 바닥에 구멍을 뚫고 있었다. 그것을 본 다른 사람이 놀라서 말했다.

"아니, 당신 지금 뭘 하고 있는 거요!"

"당신이 무슨 상관이오? 보면 모르시오. 내 자리에 구멍을 뚫고 있지 않소."

그가 구멍 뚫는 것을 막지 않는다면, 구멍은 한 사람이 뚫었지만 모든 사람이 물에 빠져 죽을 것이다.

나도 위대한 사람이다

시므온이라는 우물 파는 기술자가 있었다. 하루는 그가 위대한 라비인 요하난 자카이에게 이렇게 말했다.

"저도 라비님만큼 위대한 사람입니다."

"왜 그렇다고 생각하시죠?" 라비가 물었다.

"왜냐하면 제가 하는 일도 라비님이 하시는 일만큼 이 세상에서 중요한 일이기 때문입니다. 라비님은 예배하기 전에 물로 몸을 씻어 정결

히하라고 말씀하시잖아요. 그런데 사람들에게 물을 주는 사람이 바로 저거든요."

가장 큰 영광

사람이 스스로의 힘으로 얻을 수 있는 것 가운데 가장 값진 보물은 다른 사람으로부터 받는 존경이다. 세 가지 영광이 있다. 토라의 영광, 제사장의 영광, 군주의 영광이 그것이다. 그러나 선한 이름이 받는 영광은 그 세 가지 영광보다 뛰어나다.

착한 의인과 착하지 않은 의인

착한 의인과 착하지 않은 의인이 있는가? 하느님 앞에 올바르고 이웃에게 착한 사람은 착한 의인이다. 하느님 앞에는 올바르지만 이웃에게 착하지 않은 사람은 착하지 않은 의인이다.

그렇다면 착하지 않은 악인과 착한 악인도 있는가? 하느님 앞에도 올바르지 않고 이웃에게도 착하지 않는 사람은 착하지 않은 악인이다. 이웃에게는 착하지만 하느님 앞에는 올바르지 않은 사람은 착한 악인이다.

젊어서도 일했고 늙어서도 일한다

로마 황제 하드리안이 디베리아 지방을 지나다가 머리가 하얀 노인이 나무를 심으려고 땅을 파고 있는 것을 보았다.

"저런, 젊어서 열심히 일했다면 이렇게 늙어서까지 일하지 않아도 되었을 텐데."

이 말을 들은 노인이 대답했다.

"저는 젊어서도 일했고 늙어서도 일합니다. 하늘에 계신 하느님도 우리처럼 늘 일을 하시니까요."

하드리안이 나이를 묻자, 그는 백 살이라고 대답했다. 하드리안은 의아하다는듯이 다시 물었다.

"아니 백 살이나 된 노인이 지금 나무를 심으면 그 열매를 먹을 수 있을 것이라고 생각하시는 거요?"

노인이 대답했다.

"열매가 달릴 때까지 살 수 있다면 먹겠지요. 하지만 그러지 못한다고 해도 나의 조상들이 수고한 열매를 내가 따먹듯이 나의 자손들이 따먹겠지요."

손으로 일하는 직업

누구든지 자기 아들에게 먹고 살 수 있는 기술을 가르쳐 주어야 한다. 아들에게 그런 기술을 가르치지 않는 것은 도둑이 되라고 가르치는 것과 같다. 자기 손으로 일하는 직업을 가지고 있는 사람은 담을 둘러친 포도밭과 같아서 가축과 들짐승이 침입하거나 지나가는 사람들이 들여다보고 따먹지 못한다. 이런 사람은 어떤 어려운 상황에서도 자신의 신념을 버리거나 타협하지 않고 꿋꿋하게 살아갈 수 있다. 그러나 손수 일하는 직업이 없는 사람은 담이 허물어진 포도밭과 같아서 가축과 들짐승이 침입하고 지나가는 사람들이 들여다보고 따먹을 수 있다. 이런 사람은 상황이 어려워지면 거짓의 유혹을 받는다.

고용주와 고용인

고용주에게 고용된 사람은 자기의 시간과 정력을 판 것과 마찬가지이다. 그러므로 정직하게 시간과 정력을 바쳐야만 한다. 고용된 시간 동안 자기가 할 수 있는 최선을 다하지 않는 사람은 용량이 부족한 물건을 파는 상점 주인보다 더 나쁜 사람이다.

라비 아바 요셉은 집수리가 직업이었다. 하루는 어떤 사람의 집을 수리하려고 지붕에 올라가 있는데 이웃 사람이 와서 그에게 말했다.

"라비님, 무얼 좀 물어 보려고 왔습니다."

그러나 그는 이렇게 대답했다.

"나는 하루 종일 고용되었기 때문에 내려갈 수가 없소."

이와 비슷한 이야기가 또 있다. 코니는 기도의 힘이 있는 수행자였다. 가뭄이 들었을 때 사람들이 그를 찾아와서 비를 내려 달라는 기도를 해 달라고 애원했다. 그는 땅바닥에 원을 긋고 그 안에 서서 비가 내릴 때까지 한 발짝도 움직이지 않고 기도를 했다.

코니의 손자 아바 힐기야도 기도를 통해 비를 내리게 할 수 있었다. 가뭄이 들자 사람들은 힐기야를 찾아갔다. 힐기야는 들에서 땅을 파고 있었다. 사람들이 힐기야에게 문안 인사를 했지만 그는 들은 척도 안하고 계속 땅만 팠다. 저녁이 되어 일을 끝내고 돌아오는 길에 사람들은 왜 자기들의 인사를 받지 않았느냐고 물었다.

힐기야가 대답했다. "나는 나를 오늘 낮 동안 고용하였습니다. 그러므로 나에게는 나의 일을 방해할 권리가 없기 때문입니다."

 ## 나는 모른다

지혜로운 라비로 유명한 가말리엘에게 어떤 사람이 물었다.

"거룩하신 하느님은 어디에 계신가요?"

"나는 모르오."

"아니, 선생님은 지혜로운 분인데 어디에 있는지도 모르는 하느님께 날마다 기도를 드리신다는 말씀입니까?"

그러자 가말리엘이 말했다.

"좋소, 그러면 내가 하나 묻겠소. 당신의 영혼은 어디에 있소?"

"모릅니다."

"아니, 자기와 늘 함께 있는 영혼이 어디에 있는지도 모르면서 가장 높은 곳에 계신 하느님이 어디에 있는지를 묻는다는 말입니까?"

 ## 하느님이 가시덤불 사이에 나타난 이유

유대인이 아닌 어떤 사람이 라비에게 물었다.

"당신들의 하느님은 가시덤불 사이에서 모세에게 나타나 말씀하셨다는데, 왜 굳이 가시덤불 속에 나타나신 거지요?"

라비가 대답했다.

38

"가시덤불처럼 아주 하찮은 것 속에도 하느님은 늘 계시다는 것을 가르쳐 주기 위해서 그렇게 하셨지요."

하느님의 영광은 몇 개인가?

유대인이 아닌 어떤 사람이 가말리엘에게 물었다.

"당신들은 열 명이 모여 예배하는 곳에는 언제나 하느님의 영광이 함께한다고 주장합니다. 그렇다면 하느님의 영광은 몇 개인 것입니까?"

가말리엘은 그 사람을 수행하고 있던 하인을 주걱으로 때렸다.

"저의 하인을 왜 때리시는 겁니까?"

"우리의 성스러운 태양이 이교도인 이 사람의 집에 비치기 때문이오."

"아니 선생님, 정신 나가셨습니까? 태양은 이 세상 어디에나 빛을 비춥니다."

가말리엘이 부드럽게 말했다.

"그렇습니다. 태양은 하나이지만 이 세상 어디에나 빛을 비추어 줍니다. 전능하신 하느님이 창조하신 수많은 피조물 가운데 하나에 지나지 않는 태양도 온 세상을 비추는데 하느님의 영광이 비추지 않는 곳이 어디 있겠습니까?"

어떤 신이 더 위대한가?

라비 요세와 어떤 로마인 부인이 나눈 이야기이다.

부인이 라비에게 말했다.

"내가 섬기는 신이 당신들의 신보다 위대합니다. 당신들의 신은 불타는 가시덤불 속에서 모세에게 얘기할 때 얼굴을 숨겼지만, 내가 섬기는 신을 보았을 때는 모세가 오히려 그 앞에서 물러나 피했거든요."

라비가 대답하였다.

"우리의 신이 가시덤불 속에 나타나셨을 때 모세는 피할 곳이 없었습니다. 왜냐하면 우리의 신은 어디든지 계시기 때문이지요. 그러나 당신의 신인 뱀을 보았을 때 그것을 피하기 위해서는 두서너 발자국만 물러서면 됩니다."

 신은 모든 것을 아는가?

어떤 사람이 라비에게 물었다.

"선생님은, 하느님께서 일어날 일을 미리 아신다고 확신합니까?"

"물론이지요."

"그렇다면 노아 시대에 사람들이 타락의 늪에 빠져 있을 때 '왜 사람을 만들었던가?' 하시며 사람을 만드신 것을 후회하며 마음 아파하신 이유가 무엇입니까?"

라비가 물었다.

"당신은 아들이 있소?"

"예, 있습니다."

"아이가 태어났을 때 당신의 기분이 어떠했소?"

"기뻤습니다, 다른 사람들도 기뻐했구요."

"당신의 아들이 태어났을 때, 당신은 당신의 아들도 늙으면 또는 사고로 언젠가는 죽을 수밖에 없다는 것을 알고 있었지요?"

"물론이지요."

"그런 일이 없기를 바라지만, 가령 지금 당신의 아들이 죽는다면 당신의 마음은 어떻겠습니까?"

"매우 슬프고 괴롭겠지요."

"그렇습니다, 당신은 당신의 아들이 언젠가는 죽는다는 것을 알고 있으면서도 그가 태어났을 때 기뻐했습니다. 기쁠 때는 기뻐하고 슬플 때는 슬퍼하는 것이 당연한 일이지요. 하느님도 마찬가지입니다. 하느님은 사람들이 타락을 길을 갈 것이라는 것을 알고 있으면서도 그들을 창조하였을 때 기뻐하셨습니다. 그러나 사람들이 그릇된 길을 따라 멸망의 늪으로 빠져 들어가면 슬퍼하신답니다."

왕의 약속

왕이 어떤 도시를 방문했다. 모든 주민이 나와서 '임금님 만세!'를 외치며 그를 환영했다. 왕은 사람들의 환호에 마음이 들떠서 시민들에게 이렇게 말했다.

"내일 나는 여러분을 위하여 목욕탕을 여러 개 세워 주겠다. 그리고 하수도도 새로 설치해 주고자 한다."

밤이 되어 왕은 잠자리에 들었다. 그러나 그는 다시는 일어나지 못했다. 자, 그러면 왕과 왕의 약속은 어디로 갔는가?

라비들은 이와 같이 가르친다. "왕과 왕의 약속은 사라졌지만, 하느님과 하느님의 약속은 사라지지 않는다. 그분은 영원히 다스리시는 분이기 때문이다. 그러니 하느님의 말씀을 따르는 것이 현명한 사람이 선택할 길이다."

신의 공평성

어떤 로마인 부인이 라비에게 말했다.

"유대인의 신은 공평하지가 않습니다. 싫어하는 사람은 멀리하고 좋아하는 사람에게만 잘해 주니까요."

라비는 그 여자 앞에 무화과가 가득 담긴 바구니를 갖다 놓고 마음대로 먹으라고 했다. 그 여자는 깨끗하고 잘 익은 것 하나를 집어먹었다. 그러자 라비가 말했다.

"당신은 여러 개의 과일 가운데서 깨끗하고 잘 익은 것을 골랐습니다. 거룩하신 우리의 하느님도 그러하시답니다. 착하고 올바른 사람을 선택하시고 늘 그들 가까이 계시답니다."

하느님의 자비와 정의

병에 뜨거운 물을 부으면 병이 깨진다. 너무 차가운 물을 부어도 깨지기 쉽다. 찬물과 뜨거운 물을 섞어서 부으면 병이 오래 보존될 것이다. 하느님도 그러하시다. 하느님이 세상에 무한정 자비만 베푸신다면 세상에 죄가 넘칠 것이다. 반대로 정의로움으로 심판만 하신다면 세상이 견딜 수 없을 것이다. 그래서 하느님은 세상이 오래 보존되도록 어떤 때는 따뜻한 자비로움으로 감싸고, 어떤 때는 차가운 정의의 칼로 심판하시는 것이다.

선과 악

하느님은 인간을 만드시면서 인간에게서 정의와 불의가 함께 나오리라는 것을 미리 아셨다. 그럼에도 불구하고 인간을 만드셨다. 하느님은 혼잣말로 이렇게 말씀하셨다.

"내가 인간을 만들면 그 가운데 악한 사람도 나올 것이다. 그러나 만들지 않으면 어떻게 선한 사람이 나올 수 있겠는가? 그러니 만들어 놓고 악한 사람이 나오면 옳은 길로 돌아오라고 권고도 하고 책망도 하리라."

사람은 무엇과 같은가?

한 살 때는 왕이다. 한 살 때는 왕처럼 안전하게 보호를 받으며 모든 사람이 그에게 입을 맞춘다.

두 살이나 세 살 때는 하수구를 쑤시고 다니는 돼지처럼 아무 곳에서나 뒹군다.

열 살이 되면 염소 새끼처럼 이리저리 뛰어다닌다.

스물 살 때는 짝을 찾아 우는 말과 같다. 그는 몸치장을 하며 짝을 이룰 상대를 찾기에 여념이 없다.

결혼을 한 다음에는 무거운 짐을 지고 가는 당나귀처럼 된다.

아이를 낳으면 가족을 먹여 살리기 위해 으르렁거리는 개처럼 용감해진다.

늙어서 죽을 때가 가까워지면 허리가 굽어 원숭이처럼 된다.

죽음이 가장 강하다

이 세상에 열 가지 강한 것이 있다.

산은 강하다. 그러나 쇠로 만든 연장으로 그것을 파괴할 수 있다.

쇠는 강하다. 그러나 뜨거운 불이 그것을 녹일 수 있다.

불은 강하다. 그러나 물이 그것을 꺼 버릴 수 있다.

물은 강하다. 그러나 구름이 그것을 지배한다.

구름은 강하다. 그러나 바람이 그것을 흩어 버릴 수 있다.

바람은 강하다. 그러나 사람은 숨을 쉬면서 바람을 나를 수 있다.

사람은 강하다. 그러나 공포가 사람을 압도할 수 있다.

공포는 강하다. 그러나 술이 그것을 몰아 낼 수 있다.

술은 강하다. 그러나 잠이 그 기운을 무력하게 만들 수 있다.

잠은 강하다. 그러나 영원한 잠인 죽음은 그보다 더 강하다.

죽기 하루 전에 회개하라

'날 때가 있으면 죽을 때가 있다'(전3 : 2)는 말로 위로를 해 보지만, 죽음에 대한 두려움과 언제든지 죽을 수 있다는 가능성은 늘 존재한다. 그러므로 늘 죽음을 준비하는 마음으로 사는 것이 현명하다. 탈무드의 라비들은 이렇게 말한다.

"죽기 하루 전에 회개하라."

이 말은 지금 즉시 회개하라는 뜻이다. 언제 죽을지 모르는 일이기 때문이다.

이것도 좋은 일이지

나훔이라는 사람이 있었다. 그는 무슨 일을 당하든지 '이것도 좋은 일이지.' 하고 입버릇처럼 말하는 습관이 있었다. 늘 좋은 일만 일어난다는 생각으로 살았기 때문에 그에게는 실제로도 좋은 일이 자주 일어났다.

한 번은 라비들이 로마의 황제에게 선물을 보내려고 하는데 누구를 심부름꾼으로 보낼까를 의논하고 있었다. 그들은 "나훔을 보냅시다. 그에게는 좋은 일이 자주 일어나니까 그를 보내는 것이 좋을 것 같소." 라고 말하며 나훔을 보내기로 결정했다.

나훔은 황제에게 보내는 선물 보따리를 들고 길을 떠났다. 어느날 여관에서 자는데 다른 손님들이 그의 보따리 속에 있는 물건을 모두 훔쳐 가고는 그 안에 흙을 채워 놓았다. 나훔은 그것도 모른 채 황제 앞에 나아가서 보따리를 풀었다. 그러자 그 속에서 흙이 쏟아져 나왔다.

황제가 소리쳤다. "유대인들이 나를 웃음거리로 만들고 있구나!" 황제는 나훔을 당장 처형하라고 명령했다. 나훔은 "이것도 좋은 일이지." 라며 혼잣말로 중얼거렸다. 그때 엘리야가 황제의 내시로 변장하고 나타나서 황제에게 말했다.

"이 흙은 유대인들의 조상인 아브라함의 유골의 일부인지도 모릅니다. 유대인들이 아브라함의 유골이 변해서 된 흙을 한 줌 집어서 적진을 향해 던지면 그것이 칼과 화살로 변해서 적국을 점령했다고 합니다."

당시 로마의 힘으로도 도저히 정복할 수 없는 땅이 있었다. 그래서 황제는 "그럼 그 흙을 그곳을 향해 던져 보거라."라고 명령했다. 나훔이 가져온 흙을 한 줌 집어서 던지자 그곳이 정복되었다. 황제는 나훔을 보물창고로 데리고 가서 보따리에 쌀 수 있을 만큼 보석과 진주를 마음대로 가져가라고 했다. 환송식도 성대하게 베풀어 주었다.

나훔이 전에 묵었던 그 여관에 도착하자 사람들이 물었다.

"황제에게 무엇을 바쳤길래 이렇게 엄청난 선물을 받았습니까?"

나훔이 대답했다.

"나는 단지 여기서 가져간 것을 바쳤을 뿐이오."

그 말은 들은 사람들은 저마다 흙을 한 보따리씩 싸 가지고 황제에게 갔다. 황제는 그들이 가져온 흙을 정복할 땅을 향해 던져 보았다. 그러나 그것은 칼로 변하지도 않았고 화살로 변하지도 않았다. 흙을 가져간 사람들은 모두 처형되었다.

왜 인사를 받지 않는가?

어떤 신앙심이 깊은 사람이 길가에서 기도를 드리고 있었다. 한 귀족이 지나다가 그를 보고 인사를 했으나 그는 돌아보지도 않고 기도에 열중하고 있었다. 귀족은 괘씸한 생각이 들어 그가 기도를 마칠 때까지 기다렸다가 이렇게 말했다.

"당신은 예의도 없소, 남이 인사를 하는데 들은 척도 안 하다니."

"잠깐만요, 오해를 푸세요. 만일 당신이 왕 앞에 서 있는데 친구가 당신에게 인사를 했다면 당신은 그에게 답례를 하겠습니까?"

"아니오." 귀족이 퉁명스럽게 대답했다.

"그런데 만약 당신의 친구에게 답례를 했다면 왕은 당신에게 어떻게 하리라고 생각하십니까?"

"자기를 모독한다고 화를 내며 벌을 내리겠지요."

"그렇겠지요. 오늘은 여기에 있지만 내일은 무덤에 묻혀 있을 인간인 왕 앞에서도 그렇게 해야 한다면, 지금도 살아 계시고 영원토록 살아 계실 모든 왕들의 왕이신 하느님 앞에 서 있던 저는 어떻게 하는 것이 옳았을까요?"

기도의 길이와 효험

라비 엘리세의 제자들 가운데 한 명이 지나치게 길게 기도를 했다. 지루함을 견디다 못한 다른 제자들이 스승에게 말했다.

"선생님, 아무개는 기도를 너무 오래 합니다."

그러자 엘리제가 말했다.

"우리의 스승이신 모세는 40일 동안 밤낮으로 기도했다고 기록되어 있는데(신 9:25), 그가 모세보다 더 오래 기도했느냐?"

한 번은 어떤 제자가 규정보다 아주 짧게 기도한 일이 있었다. 다른 제자들이 또 스승에게 불평했다.

"선생님, 아무개는 기도를 너무 짧게 합니다."

그러자 엘리제가 말했다.

"우리의 스승이신 모세는 미리암이 악성 피부병에 걸렸을 때 '하느님, 제발 미리암을 고쳐 주십시오.'(민 12:13)라고 기도했는데, 그가 모세보다 더 짧게 기도했느냐?"

유혹을 곁에 두지 마라

남자는 비록 자기의 아내일지라도 여자의 뒤에서 길을 걸어가면 안 된다.

다리 위에서 여자를 만나면 서로 피해서 지나가야 한다. 누구든지 여자 뒤에서 시내를 건너는 사람은 앞으로 올 세상에서 아무 상도 받지 못할 것이다.

시장에서 여주인에게 물건 값을 지불할 때 마주 서서 하나하나 돈을 세면서 넘겨 주는 사람은, 그가 아무리 우리의 스승이신 모세처럼 토라를 지키고 선행을 했다고 하더라도 지옥 골짜기의 벌을 피하지 못할 것이다.

남자는 여자의 뒤에서 걷느니 차라리 사자의 뒤에서 걷는 편이 낫다.

어느 쪽이 이득인가?

유명한 설교가인 라비 메이어의 이웃에 아주 못된 사람들이 살고 있었다. 그들은 날이면 날마다 메이어를 괴롭혔다. 하루는 참다 못한 메이어가 혼잣말로 "저런 인간들은 죽어 없어져 버렸으면 좋겠다."고 중얼거렸다. 그것을 그의 아내 베루리아가 옆에서 들었다.

"아니, 당신 지금 뭐라고 하셨어요!" 아내가 물었다.

"저런 인간들은 죽어 없어져 버렸으면 좋겠다고 했소이다."

"어찌 훌륭한 라비께서 그런 생각을 하실 수가 있습니까?" 아내가 다시 물었다.

"성서에도 '죄인들아, 이 땅에서 사라져라. 악인들아, 너희도 영원히 사라져라.'(시 104:35)라는 말씀이 있기 때문이오."

"하지만 그 구절은 세상에서 죄악이 없어지라는 뜻으로 해석할 수도 있지 않은가요? 죄악이 없어지면 죄인이나 악인은 저절로 없어지는 것 아닙니까? 그러니 죄인이나 악인이 죽어 없어지기를 바라기보다는 그들이 회개하여 죄와 악이 없어지도록 기도하는 것이 옳지 않겠어요?"

메이어는 아내의 말을 듣고 그들을 위해 기도했으며, 그들은 회개하고 새 사람이 되었다.

그렇다. 하느님은 악인이 죽는 것을 기뻐하지 않고, 오히려 악인이 그의 길에서 떠나 돌이켜 사는 것을 기뻐한다. 의인이라고 해도 죄를 짓는 날에는 과거의 의가 그를 구원하지 못하고, 악인이라고 해도 자신의 죄악에서 떠나 돌이키는 날에는 과거의 악이 그를 넘어뜨리지 못한다. 또 악한 사람에게 벌을 주는 것은 나에게 아무런 이익이 되지 않는다. 저들을 회개시키거나, 내 편에 끌어들이지 않는 한 손해가 될 뿐이다.

도둑이 남겨 놓은 것

성서에는 하느님이 아담을 잠들게 한 다음 그의 갈비뼈 하나를 뽑아서 그걸로 최초의 여자인 하와를 만들었다고 나온다.

어떤 왕이 유명한 라비인 가말리엘의 집을 방문하여 물었다. "당신들이 믿는 하느님은 도둑이오. 남자가 자고 있을 때 그의 허락도 받지 않고 갈비뼈를 훔쳐갔지 않소?"

그러자 옆에 있던 가말리엘의 딸이 대화에 끼어 들었다.

"폐하의 부하를 한 사람 빌려 주십시오. 조금 곤란한 문제가 생겼는데 그 일을 조사하는 데 필요해서 그럽니다."

왕은 "그거야 별로 어려운 일이 아니지만, 곤란한 문제라는 게 대체 무슨 일인지 알고 싶구나." 하고 말했다.

"어제 밤에 도둑이 들어와서 은수저 하나를 훔쳐 갔습니다. 그런데 도둑은 금그릇을 두고 갔어요. 도대체 왜 그렇게 했는지 조사해 보고 싶습니다."

왕은 "그것 참 부러운 일이로구나. 그런 도둑이라면 내게도 들어왔으면 좋겠구나."라고 말했다.

그러자 라비의 딸이 말했다. "그러실 겁니다. 지금 제가 드린 이야기가 아담의 몸에서 일어난 일과 똑같지 않습니까? 하느님은 갈비뼈 하나를 훔쳐 갔지만, 이 세상에 여자를 남기셨답니다."

여자의 힘

어떤 선량한 부부가 있었다. 그러나 불행하게도 그들 사이에는 자식이 없었다. 유대인에게 자식이 없는 것은 큰 저주였다. 그래서 그들은 이혼을 했다.

남편은 곧 재혼했는데, 이 아내는 성품이 나빴다. 남자는 새로 얻은 아내를 닮기 시작하더니 얼마 지나지 않아 자신 또한 나쁜 사람으로 전락했다.

이혼한 아내도 나쁜 남자와 재혼했다. 그러나 그 남자는 아내의 영향을 받아 선량한 사람이 되었다.

세상을 만드는 것은 남자이지만, 남자를 만드는 것은 여자이다.

어느 부분을 떼어서 여자를 만들까?

하느님이 남자의 갈비뼈로 여자를 만들 때 고민하신 이야기이다. 머리의 한 부분으로 만들면 너무 건방지게 머리를 쳐들 것이고, 눈의 한 부분으로 만들면 너무 호기심이 많아서 이것저것 참견하는 일이 잦을 것이고, 귀의 한 부분으로 만들면 몰래 엿듣는 일을 즐길 것이고, 입의 한 부분으로 만들면 너무 말이 많을 것이고, 가슴의 한 부분으로 만들면 질투심이 많을 것이고, 손의 한 부분으로 만들면 욕심을 부려 이것저것 움켜 쥐려고 할 것이고, 발의 한 부분으로 만들면 너무 쏘다닐 것이다. 그러니 꼭 있어야 하지만 겉으로 드러나지 않은 갈비뼈로 만들자. 그러면 눈에 띠지 않는 자리에서 묵묵히 남편과 가정을 잘 지키지 않겠는가.

죽음의 준비

왕이 하인들을 만찬회에 초대하겠다고 약속했다. 그러나 만찬회가 열리는 날짜와 시각을 말해 주지 않았다.

그 가운데 생각이 깊은 하인은 "왕의 약속이니까 만찬회는 꼭 열릴 것이다. 그러니 왕의 만찬회를 위해 준비해 두자." 하고 생각했다. 그는 언제라도 만찬회에 참석할 수 있는 준비를 갖추고 궁궐 문 앞에 가서 기다렸다.

그러나 어리석은 하인은 "왕의 만찬회이니 준비하는 데 시간이 걸리겠지."라고 생각하면서 아무런 준비도 하지 않았다.

만찬회가 열리자 준비를 하고 있던 하인은 곧 정문으로 들어가 즐거운 잔치 자리에 참석할 수 있었다. 그러나 준비를 하지 않은 어리석은 하인은 왕의 만찬회에 차려진 맛있는 음식을 구경도 못했다.

그대들도 언제 하느님의 부름을 받을지 모른다. 그때 당황하지 않도록 늘 준비하는 마음으로 살아 가도록 하라.

새옹지마

라비 아키바가 여행길에 올랐다. 그에게는 당나귀 한 마리와 개 한 마리, 그리고 자그마한 램프가 하나 있었다.

어느날 저녁 아키바는 어느 동네를 찾아가 하룻밤 재워 줄 것을 요청했으나 거절을 당했다. 그날 밤 그는 마을 근처 들판에서 밤을 지내게 되었다. 아직은 초저녁이라서 그는 램프에 불을 켜고 책을 읽기 시작했다. 그런데 마침 바람이 불어 램프의 불이 꺼졌다. 그는 이것도 하느님의 뜻이려니 하고 잠자리에 들기로 했다.

그날 밤 불운하게도 여우가 개를 물어 죽였고, 당나귀마저 사자의 밥이 되었다.

아침이 되어 아키바는 램프만을 갖고 쓸쓸히 길을 떠났다. 그런데 어제 저녁에 하룻밤 재워 줄 것을 청했던 그 마을에 사람 그림자 하나 비치지 않았다. 그는 지난 밤에 도적떼가 들이닥쳐 마을을 파괴하고 주민들을 몰살시켰다는 것을 알게 되었다.

만약 램프가 바람에 꺼지지 않았다면 그는 틀림없이 도적들에게 발견되었을 것이다. 개가 살아 있었다면 개가 짖어 대는 소리에 도적들에게 발견되었을지도 모른다. 당나귀 역시 소란을 피워 댔을 것이다. 아키바는 모든 것을 잃어버린 덕분에 도적들에게 발견되지 않아 목숨을 건진 셈이다.

라비 아키바는 이 일로 말미암아 '인간은 최악의 상태에서도 희망을 잃어서는 안 된다. 나쁜 일이 좋은 일로 연결될 수도 있다.' 는 사실을 깨달았다.

싸구려 그릇 속에 들어 있는 보물

아주 총명한 라비가 있었다. 그런데 그는 아주 못생긴 사람이었다. 하루는 그가 로마 황제의 시녀를 만났다. 시녀는 "저런, 대단한 총명이 이런 못생긴 그릇에 들어 있다니!"라고 말했다.

"왕궁에 술이 있습니까?" 라비가 물었다. 시녀가 고개를 끄덕이자 "무슨 그릇에 들어 있습니까?"라고 라비가 다시 물었다. "오지 항아리나 술병에 들어 있지요." 시녀의 대답에 라비는 짐짓 놀란 체하며 대꾸했다. "왕실에는 금이나 은그릇도 많을 텐데, 황제께서 드시는 술을 항아리 같은 싸구려 그릇에 담아 놓으시다니요!" 이 말을 들은 시녀는 아랫사람들에게 항아리에 들어 있는 술을 모두 금그릇과 은그릇에 옮겨 담도록 했다. 그러자 술맛이 변해 버렸다.

황제는 맛이 변한 술을 마신 다음 "누가 이런 멍청한 짓을 했느냐?" 고 화를 냈다. "황제께서 마시는 귀한 술이라서 귀한 그릇에 넣는 것이 좋을 듯싶어서 제가 그렇게 했습니다." 시녀는 이렇게 대답한 다음 라비를 찾아가서 따지며 물었다. "당신은 어째서 이런 일을 권했습니까?"

그러자 라비가 조용히 말했다. "나는 그저 당신에게 대단히 귀중한 것이라도 싸구려 그릇에 담아 두는 것이 더 좋은 경우가 있다는 것을 알려 주고 싶었을 뿐입니다."

하느님이 맡긴 보석

라비 메이어가 안식일에 회당에서 설교를 하고 있는 동안, 집에서는 그의 두 아이가 죽었다. 아내는 두 아이의 시체를 다락방으로 옮겨 놓은 다음 흰 베를 그 위에 덮었다.

라비가 돌아오자 아내가 말했다. "당신에게 묻고 싶은 것이 있습니다. 어떤 사람이 잘 보관해 달라고 하면서 저에게 아주 귀중한 보석을 맡기고 갔습니다. 그런데 그 보석 주인이 갑자기 맡긴 보석을 돌려 달라고 하면 어떻게 하여야 할까요?"

"당연히 주인에게 돌려 주어야지." 라비는 1초도 고민하지 않고 그렇게 대답했다. "실은 지금 막 하느님이 저희에게 맡기셨던 두 개의 귀중한 보석을 하늘로 가져가셨답니다." 라비는 아내의 말뜻을 알아듣고 아무 말도 하지 않았다.

יכילהו רעיונזלמען לא החסר כל נספר הלו שמנו אותובו להיות
המלאכה כולה כליל   וזה הוא דמיונו לבד:

גדל יהיה   אחרון מן
כבוד הבית   הראשון

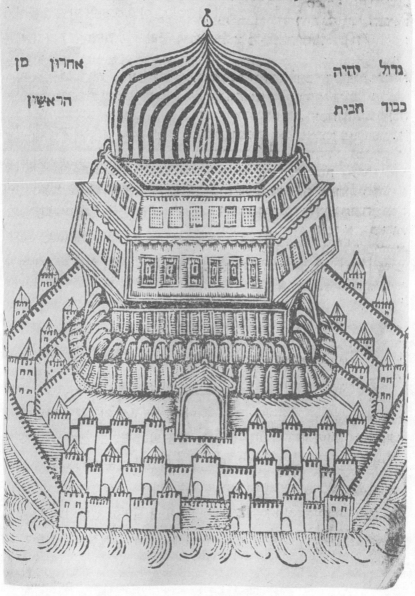

들어올 때와 나갈 때의 차이

여우 한 마리가 포도원 옆에서 서성이며, 어떻게 하면 안으로 들어가서 맛있는 포도를 실컷 먹을 수 있을까 궁리하고 있었다. 울타리 때문에 도저히 들어갈 수가 없었다. 그래서 여우는 사흘 동안 단식한 뒤 몸을 홀쭉하게 만든 다음, 간신히 울타리 틈을 비집고 안으로 들어가는 데 성공했다.

여우는 포도를 실컷 따먹었다. 그러나 나오려고 하니 이제는 배가 불러서 울타리 틈을 빠져나올 수가 없었다. 그래서 할 수 없이 다시 사흘 동안 단식하여 몸을 홀쭉하게 만든 다음 겨우 빠져나올 수 있었다. 여우가 중얼거렸다. "뱃속은 결국 들어갈 때나 나올 때나 똑같구나!"

인생도 그와 같다. 알몸으로 태어나서 알몸으로 가는 것이다. 사람은 죽어서 가족과 재산과 자신의 행위를 남긴다. 그러나 선행 이외에는 모두 대단한 것이 못 된다.

복수와 증오

어떤 사람이 곡식 베는 데 쓰는 낫을 빌려 달라고 했다. 그러나 부탁을 받은 상대는 거절했다. 얼마 후 이제는 거꾸로 거절했던 사람이 부탁했던 사람에게 곡식 되는 데 쓰는 말을 빌려 달라고 했다. 그러자 부탁받은 사람은 "자네가 낫을 빌려 주지 않았기 때문에 나도 말을 빌려 주지 않겠네."라고 말했다. 이것은 복수이다.

어떤 사람이 곡식 베는 데 쓰는 낫을 빌려 달라고 했다. 그러나 부탁을 받은 상대는 거절했다. 얼마 후 이제는 거꾸로 거절했던 사람이 부탁했던 사람에게 곡식 되는 데 쓰는 말을 빌려 달라고 했다. 그러자 부탁받은 사람은 말을 빌려 주면서 "자네는 낫을 빌려 주지 않았지만, 나는 자네에게 말을 빌려 주겠네."라고 말했다. 이것은 증오이다.

선(善)의 짝은 누구인가?

홍수가 지구를 뒤덮은 노아 시대의 이야기이다. 모든 동물이 쌍쌍이 노아의 방주 안으로 들어왔다. 선(善)도 급히 달려왔다. 그러나 노아는 선이 방주에 들어오는 것을 막았다. 노아는 "나는 암수 짝을 이룬 것만 태운다네."라고 말했다.

그래서 선은 숲으로 돌아가 자기의 짝이 될 상대를 찾았다. 그리하여 악(惡)을 데리고 방주로 돌아왔다. 그 뒤로 선이 있는 곳에는 항상 악이 있게 되었다.

초대받지 않은 사람

어떤 라비가 "내일 아침에 6명이 모여서 이 문제를 해결하도록 합시다."라고 말했다. 그런데 다음날 아침이 되자 7명이 모였다. 그 가운데 한 명은 분명히 초대받지 않은 불청객이었다.

라비가 말했다. "초청받지 않은 사람은 당장 돌아가시오."

그러자 그 가운데에서 누가 보아도 꼭 참석해야 할 제일 덕망 있는 사람이 자리에서 일어나 밖으로 나갔다.

그는 왜 그런 것일까?

그는, 초대를 받지 않았거나 또는 무언가 잘못 알고 온 사람이 굴욕감을 느끼지 않도록 하기 위해서 나간 것이다.

가정의 평화를 위해서라면

라비 메이어는 설교를 잘하기로 소문이 나 있었다. 그는 안식일이 시작되는 매주 금요일 밤마다 회당에서 설교를 했는데, 그의 설교를 듣기 위해서 수백 명의 회중이 모이곤 했다. 그 가운데 그의 설교를 매우 좋아하는 여자가 있었다. 보통 유대인 여자들은 금요일 저녁이면 안식일에 먹을 음식을 준비하거나 안식일에 사용할 촛대를 손질해야 하는데, 이 여자는 그런 일을 제쳐 두고 메이어의 설교를 들으러 갔다.

그날따라 라비의 설교가 길었다. 그러나 그 여자는 라비의 설교에 심취하여 시간가는 줄도 모르고 있다가 늦은 시각에 집으로 돌아갔다. 문 앞에서 기다리고 있던 남편은 내일이 안식일인데 음식 준비도 하지 않고 어딜 그렇게 쏘다니느냐면서 화를 냈다.

"당신 도대체 어딜 갔다 오는 거요?" 그는 아내를 윽박질렀다. 아내는 "회당에서 메이어 라비의 설교를 듣다가 그만 이렇게 늦었어요."라고 대답했다. 화가 머리 끝까지 치밀어 오른 남편은 "그 라비의 얼굴에 침을 뱉고 돌아올 때까지는 집 안에 발을 들여 놓을 생각도 하지 마라." 하고 말하고는 문을 쾅 닫아 버렸다.

그래서 그 여자는 집에 들어가지 못하고 친구의 집에 가서 지내게 되었다.

이 이야기가 메이어 라비의 귀에 들어갔다. 메이어 라비는 자기의 설교가 너무 길었기 때문에 한 가정의 평화가 깨졌다는 것을 알고, 그 여자를 불러 놓고 짐짓 눈이 쑤신다면서 이렇게 말했다. "이럴 때는 침으로 씻는 것이 좋은데, 부인이 좀 씻어 주시겠소?" 그래서 그 여자는 라비의 눈에 침을 뱉었다.

곁에서 이를 지켜본 제자들이 물었다. "선생님은 덕망이 높은 라비이신데, 어째서 여자에게 얼굴에 침을 뱉도록 시키신 것입니까?"

메이어 라비가 대답했다. "가정의 평화를 되찾기 위해서는 어떤 일이라도 해야 합니다."

자기 자리를 지키는 일

뱀에 대한 이야기이다. 뱀의 꼬리는 말 그대로 꼬리에 붙어 다니게 마련이다. 어느날 꼬리가 불만을 터뜨리며 머리에게 말했다.

"어째서 나는 너의 부속물처럼 네 뒤에 붙어 끌려 다니며, 네가 언제나 내 대신 의견을 말하고 가는 방향을 정하느냐? 이건 정말 불공평하다. 나도 어디까지나 뱀의 일부분인데 언제나 노예처럼 질질 끌려다니기만 하는 것은 말이 안 된다."

머리가 대꾸했다.

"아니, 무슨 말을 하는 거야? 너는 앞을 살펴볼 수 있는 눈도 없고 위험을 알아차릴 귀도 없으며 행동을 결정할 두뇌도 없지 않냐? 내가 나만을 위해서 결정하고 움직이는 것이냐? 나의 결정과 행동이 모두 너를 위하는 생각에서 비롯된다는 것을 왜 모르냐?"

꼬리는 코웃음을 치며 말했다. "이제 그런 소리는 듣기도 싫다. 독재

자나 폭군도 모두 자기를 따르는 사람들을 위해 일한다고 하면서 제멋대로 하고 있지 않느냐?"

머리는 하는 수가 없어서 "그럼 네 맘대로 해 봐라!"라고 말했다. 꼬리는 기분이 좋아서 자기가 먼저 움직이기 시작했다. 그러나 곧장 도랑에 빠졌다. 머리는 있는 힘을 다해 도랑에서 빠져 나왔다. 꼬리는 앞으로 조금 나아가더니 이번에는 가시나무 덤불 속으로 들어갔다. 꼬리는 거기서 빠져 나오려고 발버둥을 쳤다. 그러나 애를 쓰면 쓸수록 점점 더 가시덤불에 엉켜들어 꼼짝도 할 수 없게 되었다. 이번에도 머리의 도움을 받아 간신히 빠져 나올 수 있었다. 몸에는 여기저기 가시에 찔리고 긁힌 상처가 남았다.

꼬리가 다시 앞장서서 나가다가 이번에는 활활 타고 있는 불길 속으로 들어가 버렸다. 점점 뜨거워지고 갑자기 주위가 아득해지자 두려움이 온몸을 휘감았다. 다급해진 머리가 불길에서 빠져 나오려고 힘을 다해 몸부림을 쳤지만 때는 이미 늦었다. 몸뚱이가 불에 타고 머리도 함께 죽어 버렸다. 어리석은 꼬리의 말을 들은 머리도 함께 죽어 버린 것이다.

없어지지 않는 재산

어떤 유람선에서 있었던 이야기이다. 손님들은 모두 큰 부자들이었다. 그 가운데 라비가 한 명 끼어 있었다.

부자들은 서로 가지고 있는 귀중품들을 내보이며 자기의 재산을 자랑하기에 여념이 없었다. 그러자 라비가 말했다. "나는 내가 제일 부자라고 생각하지만, 지금은 내 재산을 여러분에게 보여 줄 수가 없군요."

그때 해적이 배를 습격했다. 부자들은 금은 보석 등 자기들의 모든 재산을 잃었다. 얼마 후 배는 겨우 어떤 낯선 항구에 닿았다.

라비의 학식과 교양이 높다는 것이 항구 사람들에게 알려졌다. 그러자 사람들이 라비에게 배우기 위해 몰려 왔다. 라비는 학교에서 학생들을 가르치기 시작했다. 세월이 흐른 어느날 라비는 지난 날 배를 함께 탔던 부자들을 만났다. 모두 가난뱅이가 되어 비참한 모습이었다. 그들이 입을 모아 말했다. "확실히 선생님의 말씀이 옳았습니다. 배움이 있는 사람은 모든 것을 가지고 있는 것과 같습니다."

지식은 누구에게 빼앗기는 일도 없고 언제나 가지고 다닐 수 있기 때문에, 교육이 가장 중요하다는 사실이 입증된 셈이다.

닭의 살인죄

닭 한 마리가 있었다. 그 닭이 아이를 죽였다는 죄목으로 재판에 넘겨졌다. 닭이 요람에 누워 있는 갓난아이의 머리를 쪼아서 아기가 죽었다는 것이다. 여러 명의 증인이 증언을 했다. 결국 닭의 유죄가 인정되어 처형되었다.

이것은 여러 가지 증거와 증언에 의해 유죄라는 것이 확실히 인정되지 않는 한 쉽게 벌을 내리거나 처형할 수 없다는 것을 가르치기 위해 만들어진 이야기이다.

쥐가 아니라 쥐구멍이 도둑이다

한 재판관이 시장을 거닐다가 시장에서 훔친 물건이 거래되고 있는 것 같은 낌새를 알아챘다. 그는 마을 사람과 도둑 모두에게 교훈이 될 만한 무슨 일을 하기로 했다.

재판관은 가두어 기르고 있던 족제비 한 마리를 꺼내 작은 고깃덩이를 하나 주었다. 족제비는 그것을 입에 물고 자기 구멍 속으로 들어가 그 속에 고깃덩이를 감추고 다시 밖으로 나왔다. 마을 사람들은 족제비가 고기를 감추고 나오는 모습을 다 보고 있었다.

재판관은 얼른 가서 족제비 구멍을 막았다. 그리고 족제비에게 더 큰 고깃덩이를 주었다. 족제비는 구멍으로 다시 달려갔다. 그러나 구멍이 막혀 있는 것을 보고 주위를 서성이다가 다시 재판관 앞으로 돌아왔다. 자기가 갖고 있는 고기를 숨길 곳이 없어지자 고기를 준 사람에게 다시 돌아온 것이다.

이처럼 훔친 물건도 숨기거나 팔아 줄 사람이 없으면, 사람들은 더 이상 남의 물건을 훔치지 않을 것이다. 그래서 '쥐가 도둑이 아니라 쥐구멍이 도둑'이라는 말이 생겼다. 훔친 것을 숨길 쥐구멍이 없었다면 쥐가 훔치지 않았을 것이기 때문이다.

 ## 사랑의 힘

솔로몬 왕에게는 매우 총명하고 예쁜 딸이 있었다. 솔로몬 왕은 어느 날 꿈을 꾸었는데, 딸의 남편감이 자기 딸에게는 어울리지 않는 못된 남자일 것이라는 예감이 들게 되었다. 그는 하느님께서 과연 어떻게 하시는가를 두고 볼 생각이었다.

그는 딸을 작은 섬에 있는 궁에 가두고, 둘레에는 높은 담을 치고 감시병을 세워 놓았다. 그리고 열쇠를 가지고 왕궁으로 돌아왔다.

솔로몬 왕이 꿈속에서 보았던 그 못된 사나이는 무슨 일 때문인지 광야를 헤매고 있었다. 광야의 밤은 몹시 추웠다. 그래서 그는 사자 가죽을 덮어 쓰고 잠이 들었다. 그때 큰 새가 날아와서 사나이가 둘둘 말고 잠들어 있는 사자 가죽을 움켜쥐고 하늘을 날아 공주가 갇혀 있는 궁 안에 그것을 떨어뜨렸다. 그래서 그는 공주와 만나게 되었고, 둘은 사랑에 빠졌다.

사랑은 이렇게 모든 것을 뛰어넘는다. 외딴 섬에 가두어 놓아도 소용없는 것이다.

도시를 지키는 사람

어떤 라비가 북쪽에 있는 어떤 도시를 시찰하기 위해 두 명의 라비를 보냈다. 시찰관이 그 도시를 지키고 있는 사람을 만나고 싶다고 말하자, 치안을 담당한 최고 책임자인 경찰서장이 나왔다. 시찰관이 "아닙니다, 우리는 이 도시를 지키는 사람을 만나고 싶을 뿐입니다."라고 말하자, 이번에는 도시의 수비대장이 나왔다. 그러자 시찰관인 두 라비가 말했다. "우리가 만나고 싶은 사람은 경찰서장이나 수비대장이 아니라 학교 선생님입니다. 경찰이나 군인은 도시를 파괴할 뿐, 진정으로 도시를 지키는 사람은 학생들을 가르치는 선생님입니다."

혀의 힘

어떤 임금이 희귀한 병에 걸렸다. 의사는 "임금님의 병은 암사자의 젖을 먹으면 나을 수 있습니다."라고 말했다. 그러나 어떻게 암사자의 젖을 구해 오느냐가 문제였다.

어떤 머리 좋은 사람이 사자가 살고 있는 동굴 가까이 가서 암사자에게 하루에 한 마리씩 새끼 사자를 넣어 주었다. 처음에는 경계하던 사자도 그가 열흘쯤 그 일을 계속하자 그와 친해지게 되었다. 그래서 임금님의 약으로 쓸 암사자의 젖도 구할 수 있었다.

왕궁으로 돌아오는 길에 그는 자기 몸의 여러 부분이 서로 싸우는 꿈을 꾸었다. 몸의 각 기관이 이번 일에서 누가 가장 공이 많은가를 놓고 다투고 있었다. 다리는 만약 자기가 없었다면 사자가 있는 곳에 갈 수 없었을 것이라고 말했다. 눈은 자기가 없었다면 그곳을 찾을 수 없었을 것이라고 말했다. 심장은 또 자기가 없었다면 그곳까지 갈 힘이 없었을 것이라고 말했다.

그러나 갑자기 혀가 다음과 같이 뚱딴지 같은 주장을 했다. "만약 내가 없다면 말을 할 수가 없고, 너희들도 모두 별볼일 없어질 것이다."

이 말을 들은 몸의 다른 부분들은 입을 모아 "뼈도 없고, 힘도 없는 주제에 무슨 그런 건방진 소리를 하는가!"라면서 혀를 윽박질렀다.

그 사람이 왕궁에 가까이 이르렀을 때 혀가 말했다. "이제 누가 가장 중요한지 분명히 알게 될 거다."

임금님이 "이게 무슨 젖인가?" 하고 묻자, 그 사람은 갑자기 큰소리로 "개의 젖입니다."라고 말했다. 그제서야 혀를 윽박질렀던 몸의 모든 부분은 혀가 얼마나 중요한지를 깨닫고 혀에게 사과했다.

혀는 다른 부분들이 사과하는 말을 듣고 사실대로 고쳐 말했다. "아닙니다. 제가 말을 잘못했습니다. 이것은 틀림없는 암사자의 젖입니다."

그렇다, 중요한 부분일수록 자제심을 잃어버리면 엄청난 일이 벌어지는 법이다.

알 수 없음

탈무드에는 4개월, 6개월, 아니 7년이라는 긴 세월에 걸쳐 같은 문제에 대해 사람들이 계속 의문을 제기한 내용들이 많이 기록되어 있다. 그 가운데에는 결론에 도달하지 못한 것들도 있는데, 그런 이야기의 끝에는 "알 수 없음"이라는 말이 덧붙어 있다. 알 수 없을 때에는 알 수 없다고 하는 것이 가장 좋다는 뜻이리라.

탈무드에는 결론이 내려진 이야기들도 많이 있다. 그런데 그런 이야기에는 결론과는 다른 의견을 제기했던 소수 사람들의 의견이 반드시 함께 기록되어 있다. 소수의 의견은 기록해 두지 않으면 사라져 버리기 때문이리라.

하느님을 보여 달라

로마 사람이 어떤 라비를 찾아와서 말했다. "당신들은 매일 하느님 이야기만 하고 있는데, 그 하느님이 도대체 어디 있소?" 어디에 있는지를 가르쳐 주면 자기도 그 하느님을 믿겠다는 것이었다.

한낮이었다. 라비는 로마 사람을 밖으로 데리고 나가서 해를 가리키면서 말했다.

"저 해를 똑바로 쳐다보시오!"

로마 사람은 해를 힐끗 쳐다보더니 별놈의 소리 다 듣겠다는 투로 "무슨 그런 엉터리 같은 말을 하십니까? 어떻게 해를 똑바로 쳐다본다는 말입니까?" 하고 말했다.

그러자 라비가 말했다. "당신은 하느님이 창조하신 많은 것 가운데 하나인 해조차 똑바로 쳐다보지 못하면서, 어찌 위대한 하느님을 한눈에 볼 수 있게 해 달라고 하는 거요?"

가장 훌륭한 축복

어떤 사람이 오랜 여행으로 지칠 대로 지쳐 있었다. 너무 굶주려서 몸이 바싹 말라 있었으며 목이 바싹바싹 타들어가고 있었다. 그는 오랫동안 걸은 끝에 가까스로 나무가 있는 오아시스에 다다랐다.

그는 나무 그늘에 앉아 나무에 달린 과일로 배를 채우고, 옆에 있는 물을 마신 다음 안도의 숨의 내쉬었다. 그는 나무 아래서 충분히 쉰 다음 다시 길을 떠날 준비를 했다. 그러다 문득 나무에게 고마운 마음이 일었다. "나무야, 정말 고맙다. 너에게 무엇으로 답례를 하면 좋을까? 네가 맺는 과일이 달도록 빌려고 했으나 너의 과일은 충분히 달콤하다. 상쾌한 나무 그늘이 드리우도록 빌려고 했으나 너의 그늘은 이미 충분히 시원하다. 네가 더욱 큰 나무로 자라도록 충분한 물이 늘 있기를 빌려고 했으나 네 주변에는 이미 충분한 물이 있다. 내가 너를 위해 할 수 있는 것은 네가 될 수 있는 대로 많은 열매를 맺고, 그 열매가 다시 많

은 나무가 되어 너처럼 아름답고 훌륭한 나무로 자라기를 바라는 것밖
에는 없구나."

그대와 작별하는 사람에게 무언가를 축복하고자 할 때, 그 사람이 더
욱 현명하게 되기를 바라려 해도 이미 충분히 현명하며, 돈을 많이 벌
수 있도록 바라려 해도 이미 부자이며, 사람들에게 칭찬받는 착한 사람
이 되라고 바라려 해도 이미 충분히 착한 사람일 때, 그대는 "당신의 아
이들이 당신처럼 훌륭한 사람으로 자라기를 바랍니다."라고 축원하는
것이 가장 현명한 길이다.

 ## 관심이 있는 곳에 행동이 따라간다

안식일에 세 사람의 유대인이 예루살렘에 도착했다. 그때에는 은행
이 없었기 때문에 세 사람은 가지고 있던 돈을 모두 땅에 묻어 두었다.
그런데 그 가운데 한 사람이 다른 사람 몰래 그 장소로 돌아가 다른 사
람의 돈을 몽땅 가져가 버렸다.

이튿날 세 사람은 지혜로운 왕으로 알려진 솔로몬을 찾아가서 누가
돈을 훔쳐 갔는지 밝혀 달라고 청원했다.

이야기를 들은 솔로몬 왕은 이렇게 말했다. "너희들은 모두 현명한
사람들이니, 내가 지금 어떤 문제를 해결하는 데 어려움이 있는데 먼저
그 문제를 풀도록 협조해 달라. 그러면 그대들의 문제는 내가 판결해
주겠다."

그리고 이런 이야기를 했다.

어떤 처녀가 어떤 남자와 결혼하기로 약속했다. 그러나 얼마 후 처녀

는 다른 남자와 사랑에 빠져서 처음 약속한 남자를 만나서 헤어지자고 말했다. 처녀는 남자가 요구한다면 위자료도 주겠다고 했다. 그러자 첫 번째 남자는 위자료 따위는 필요없다고 말하며, 그 처녀와의 약혼을 취소했다.

그 처녀는 부자였다. 그래서 그녀의 돈을 노린 어떤 노인이 그녀를 납치했다. 처녀는 노인에게 이렇게 말했다. "나는 결혼하자고 약속했던 남자에게 약혼을 취소하자고 요구한 적이 있는데, 그는 위자료도 받지 않고 약혼을 취소해 주었습니다. 당신도 그렇게 해 주시지 않겠습니까?" 이 말을 듣고 노인은 돈을 받지 않고 처녀를 풀어 주었다.

솔로몬 왕이 물었다. "처녀와 처녀의 첫번째 약혼자와 노인 가운데 누가 가장 칭찬받을 만한 사람인가?"

첫번째 사나이가 말했다. "맨 처음 처녀와 약혼했지만 약혼을 취소하고 위자료도 받지 않은 남자가 칭찬받아야 합니다. 약혼을 했으니까 억지로라도 결혼하려면 할 수도 있었지만 상대방의 뜻을 무시하면서까지 그 처녀를 차지하려고 하지 않았고, 또 위자료도 받지 않았으니까요."

두 번째 사나이가 말했다. "아닙니다, 그 처녀야말로 칭찬받아야 합니다. 그는 진정으로 사랑하는 사람과 결혼하기 위해서 첫번째 약혼자에게 용기 있게 파혼을 요구했기 때문입니다."

세 번째 사나이가 말했다. "무슨 이야기인지 이야기 자체를 이해하지 못하겠습니다. 가령 처녀를 납치한 노인은 돈 때문에 그렇게 했을 텐데 돈도 뺏지 않고 처녀를 그냥 풀어 주었다는 것도 말이 되지 않구요."

그러자 솔로몬 왕은 큰 소리로 단호하게 외쳤다. "네가 바로 범인이다! 다른 사람은 내 이야기를 듣는 동안 처녀와 약혼자 사이에 존재하는 인간 관계, 처녀와 다른 남자와의 애정, 또는 그 사이에 있는 긴장된 분위기 등에 마음이 쏠려 있었지만 너는 오직 돈에만 관심을 가지고 있기 때문이다. 그러니 틀림없이 네가 범인이다."

죽음을 축하하라

항구에 화물을 가득 실은 배 두 척이 있다. 하나는 출항 준비를 하고 있는 배이고, 다른 하나는 막 입항한 배이다. 사람들은 대부분 배가 출항할 때에는 성대한 전송을 하지만 입항할 때에는 별로 환영하지 않는다. 이것은 무언가 잘못된 관습이다.

바다로 나아가는 배의 미래는 알 수 없다. 폭풍우를 만나 침몰할지도 모른다. 그것을 왜 성대하게 전송하는 것일까? 오히려 긴 항해를 끝내고 무사히 돌아왔을 때 성대하게 환영하여야 한다. 그것은 배가 항해라는 한 가지 임무를 완수했기 때문이다.

인생에 대해서도 같은 말을 할 수 있다. 아이가 태어나면 너도나도 축복을 한다. 그러나 태어남이란 배가 인생이라는 바다로 막 출항한 것과 같다. 미래에 무슨 일이 일어날지 모른다. 병으로 일찍 죽을지도 모르며, 나중에 커서 무서운 살인자가 될지도 모른다. 하지만 사람이 영원한 잠에 들어갈 때에는, 그가 어떤 바다를 헤쳐 왔는지를 모든 사람이 다 안다. 그러므로 죽음의 순간이야말로 진정으로 축하하고 축복할 때인 것이다.

쥔 손과 편 손

사람은 태어날 때는 주먹을 꼭 쥐고 있다. 그러나 죽을 때에는 손을 편다.

왜 그런가? 태어날 때는 세상의 모든 것을 붙잡으려고 하지만, 죽을 때에는 남아 있는 사람들에게 모두 주고 갈 수밖에 없다는 것을 알기 때문이다.

진짜 성스러운 사람

"성스러움이 무엇인가?" 라비가 학생들에게 물었다. 어떤 학생은 '하느님을 위해 목숨을 버리는 것'이라고 말했고, 또 어떤 학생은 '늘 기도하는 것'이라고 대답했다. 여러 학생이 저마다 다른 대답을 했다.

그러자 라비는 "성스러움이란 무엇을 먹느냐와 어떻게 성행위를 하느냐에 달려 있다."고 말했다. 학생들이 술렁이기 시작했다.

"돼지고기를 먹지 않는다든지, 또는 어떤 식의 성행위를 하는지가 어째서 성스러움의 기준이 된다는 말씀인지요?"

라비가 그렇게 말한 이유는 다음과 같다.

안식일을 지킨다거나 하느님을 위해서 죽는 일 같은 것은 많은 사람들이 다 알 수 있다. 하지만 자기 집에서 무엇을 먹고 있는지는 다른 사람이 알 수 없다. 다른 사람이 보는 앞에서는 계율에 따르는 식사를 해도, 다른 사람이 보지 않는 집에서는 다른 것을 먹을지도 모른다. 또 성행위도 다른 사람이 보지 않는 상태에서 이루어지는 것이다.

그러므로 집에서 식사할 때와 성행위를 할 때, 곧 남이 보지 않을 때 사람은 동물과 천사 사이의 어디에나 있을 수 있다. 이때 자기의 인격을 높일 수 있는 사람이 진정으로 성스러운 사람이다.

너는 왜 토라 공부를 게을리하였느냐?

가난한 사람, 부자, 바람둥이가 죽어서 하늘의 법정에 섰다. 심판관이 가난한 사람에게 물었다.

"너는 왜 토라 공부를 게을리하였느냐?"

"너무 가난해서 먹고 살기에 바빠서 그랬습니다."

그러자 심판관이 다시 물었다.

"너는 힐렐보다 더 가난하였느냐?"

힐렐은 바빌로니아의 부유한 가정에서 태어났다. 그는 스무 살 때 예루살렘에 와서 세마야와 압탈리온이라는 두 명의 위대한 라비 밑에서 공부했다. 예루살렘에서는 가족의 금전적인 도움을 받지 않고 땔나무을 해서 파는 것으로 자신의 생계를 꾸려갔다.

힐렐의 가난과 학구열에 대한 전설적인 이야기가 있다. 그는 하루 번 돈의 반은 생활비로 나머지 반은 학교에 내는 수업료로 썼다. 그런데 어느날 돈을 벌지 못해서 학교에 낼 수업료를 마련하지 못했다. 그래도 그는 어떻게 해서라도 라비의 강의를 듣고 싶었다. 그래서 저녁에 라비들의 숙소 지붕 위로 올라가 굴뚝에 귀를 대고 방에서 흘러나오는 소리에 귀를 기울였다. 방에서는 세마야와 압탈리온이 토라에 대해 토론을 하고 있었다. 힐렐은 피곤함을 이기지 못하고 지붕 위에서 그대로 잠이 들었다. 매우 추운 겨울밤, 마침 내리기 시작한 눈이 그의 몸을 덮어버리고 말았다.

아침이 되었다. 그런데 방이 다른 때보다 어두웠다. 세마야가 압탈리온에게 "여보게, 날이 밝았는데도 이렇게 어두운 것을 보니 날이 상당히 흐린 모양일세."라고 말하면서 천정에 달려 있는 빛받이 창을 올려다 보았다. 그들은 지붕에 누군가가 엎드려 있는 것을 발견했다. 그들은 밖으로 나가 지붕 위에서 눈에 파묻혀 잠들어 있는 힐렐을 발견했다. 그날은 안식일이었다. 두 라비는 힐렐을 지붕에서 업고 내려와 눈을 털어주고 난로불에 몸을 녹여 주면서 말했다. "이런 사람 때문이라면 일하지 말라는 안식일 규정을 어겨도 괜찮겠지." 이때부터 힐렐은 수업료를 면제받게 되었으며, 이것을 계기로 유대인 학교의 수업료는 무료가 되었다.

이번에는 심판관이 부자에게 물었다.

"너는 왜 토라 공부를 게을리하였느냐?"

"재산이 많다 보니 그것을 관리하느라고 시간이 없어서 그랬습니다."

그러자 심판관이 다시 물었다.

"너는 찰솜보다 더 부자였느냐?"

찰솜은 그의 아버지에게 성읍 천 개와 일천 척의 배를 물려받았다. 하지만 그는 어깨에 밀가루 자루를 짊어지고 이 도시에서 저 도시로 떠돌아다니면서 훌륭한 스승을 찾아 토라를 배웠다.

심판관이 바람둥이에게 물었다.

"너는 왜 토라 공부를 게을리하였느냐?"

"잘생겨서 여자들이 너무 따르는 바람에 여자들과 시간을 보내느라고 그랬습니다."

그러자 심판관이 다시 물었다.

"너는 요셉보다 더 잘생겼느냐?"

요셉은 매일 왕의 아내인 포티바의 유혹을 받았다. 포티바는 요셉에게 잘 보이기 위해 아침 저녁으로 옷을 갈아입었다. 자기 말을 듣지 않으면 감옥에 집어 넣겠다고 협박도 하고, 장님을 만들어 버리겠다고 위협도 했다. 막대한 금은 보화를 주면서 요셉의 마음을 사로잡으려고도 했다. 그러나 요셉은 포티바의 유혹을 모두 거절했다.

내뱉은 말은 깃털과 같다

어떤 마을에 다른 사람의 소문 내기를 좋아하는 여자가 살고 있었다. 그가 남의 소문을 지나치게 퍼뜨리고 다녔기 때문에 견딜 수 없게 된 이웃 여자들이 모여 라비에게 도움을 청하게 되었다.

"그 여자는 내가 빵 대신 늘 과자만 먹는다고 말하고 다녀요. 저는 단지 과자를 좋아한다고 했는데, 그 여자는 내가 아침부터 저녁까지 과자만 먹는다고 소문을 냈어요." 첫번째 여자가 말했다.

그러자 다른 여자가 호소했다. "그 여자는 남편이 일하러 나가면 제가 아침부터 낮잠만 잔다고 소문을 냈어요."

또 한 여자는 "그 수다쟁이 여편네는 나를 만나면 부인은 어떻게 그렇게 아름다우시냐고 입에 발린 소리를 하고, 다른 사람한테는 제가 나이에 어울리지 않게 젊어 보이려고 화장을 지나치게 야하게 한다고 소문을 내고 다녔어요."라고 호소했다.

라비는 찾아온 여자들의 이야기를 다 듣고 난 다음, 사람을 보내 그 말이 많은 여자를 불러 오도록 했다.

라비가 물었다. "당신은 어째서 이웃 사람들에 대해서 있지도 않은 이야기를 그렇게 많이 하고 다녔습니까?"

그러자 그 여자는 대수롭지 않다는 듯이 피식 웃으면서 대답했다. "제가 없는 말을 만들어 낸 것은 별로 없습니다. 굳이 잘못이라면 약간 과장해서 말했는지는 모르겠어요. 그렇지만 거짓말을 한 것은 아닙니다. 제가 말이 조금 많은 편이라는 것은 저도 잘 압니다. 하지만 이야기를 조금 재미있게 하려다 보니 그렇게 된 거지 무슨 악의가 있어서 그런 것은 아닙니다."

라비는 잠시 생각에 잠겼다가 밖으로 나가더니 커다란 자루 하나를 가지고 들어왔다. 라비가 말했다. "당신은 스스로 말이 많다는 것을 인정했습니다. 그런데 다른 사람들이 그것 때문에 어려워한다니 좋은 치료법을 생각해 보도록 합시다."

라비는 그 여자에게 자루를 넘겨 주었다. "이 자루를 가지고 광장으로 가십시오. 광장에 도착하거든 자루를 열어 이 안에 들어 있는 것들을 길바닥에 늘어놓으면서 집으로 돌아갔다가, 집에 도착하거든 광장으로 다시 돌아오면서 늘어놓고 간 것을 다시 다 주워 담으십시오."

여자가 자루를 받아 보니 안에 무엇이 들었는지 매우 가벼웠다. 그 여자는 광장을 향해 서둘러 갔다. 광장에 도착하여 자루를 열어 보니 안에는 새의 깃털이 잔뜩 들어 있었다.

산들바람이 가볍게 불고 있는 맑은 가을날이었다. 그 여자는 라비가 시킨 대로 깃털을 꺼내 길바닥에 늘어놓으며 집으로 향했다. 집에 도착하니 자루도 마침 비어 버렸다. 이번에는 빈 자루를 가지고 광장으로 다시 가면서 아까 늘어놓은 깃털을 주워 담으려고 했다. 그러나 깃털은 바람에 날아가고 없었다. 그 여자는 라비에게 돌아와 바람에 날아가서 깃털을 몇 개밖에 주워 담지 못했다고 말했다.

"그럴 겁니다." 라비가 말했다. "소문이란 것이 마치 그 자루 속의 깃털과 같습니다. 한 번 입에서 꺼내 놓으면 다시 주워 담을 수가 없지요."

하늘을 향한 마음

다음은 야브네에 있는 유명한 탈무드 학교에서 어떤 라비가 학생들에게 한 말이다.

"내가 하느님의 피조물인 것처럼, 나의 이웃도 하느님의 피조물이다. 나는 도시에서 일하지만, 저들은 논과 밭에서 일한다. 나도 일찍 일어나 일을 하고, 저들도 일찍 일어나 일터로 간다. 저들은 내가 하는 일을 할 수 없다. 나도 저들이 하는 일을 하지 못한다. 사람들은 내가 하는 일이 저들이 하는 일보다 더 위대하다고 생각할지 모른다. 하지만 나는 큰 일이냐 작은 일이냐가 중요한 것이 아니라, 무슨 일을 하든지 하늘을 향한 마음이 중요하다고 배웠다."

거꾸로 읽는 알파벳

유대인이 아닌 어떤 사람이 힐렐을 찾아와서 말했다.

"선생님은 기록된 토라와 입으로 전해 오는 구전 토라를 가르치십니다. 그런데 저는 구전 토라는 진리라는 확신이 들지 않습니다. 그러니 선생님께서 만약 구전 토라는 제외하고 기록된 토라만 가르쳐 주신다면 유대교인이 되겠습니다."

힐렐은 그의 요구를 받아들였다. 힐렐은 기록된 토라를 공부하려면 먼저 히브리어 알파벳을 익혀야 한다고 말하면서 알파벳을 순서대로 가르쳐 주었다. 그러나 다음날에는 알파벳의 순서를 바꾸어서 거꾸로 가르쳐 주었다. 개종한 사람이 이상하다는듯이 물었다.

"어제는 거꾸로 가르쳐 주시지 않았습니까?"

"그렇습니다, 어제는 거꾸로 가르쳐 주었습니다. 이것이 토라가 왜 둘이어야 하는지에 대한 설명입니다. 하느님께서 주신 가르침을 기록한 토라가 있습니다. 이것은 위에서 아래로 내려온 토라입니다. 그런데 살아가면서 부딪치는 문제를 해결하기 위해 토라를 연구한 결과로 나온 구전 토라도 있습니다. 이것은 아래에서 위로 올라가는 토라라고 할 수 있습니다. 기록된 토라는 유대인이 아닌 사람도 읽고 배울 수 있습니다. 하지만 구전 토라는 유대인이 되지 않으면 배울 수 없습니다. 그러므로 구전 토라야말로 유대교 특유의 자산입니다."

식탁의 다리 한 개

라비 챠니나는 의로운 사람이었지만 끼니 걱정을 해야 할 정도로 가난했다. 하루는 그의 아내가 "의로운 사람은 내세에 복을 받는다는데, 그 복 가운데 조금이라도 이 생에서 받을 수 있게 해 달라고 기도해 보세요."라며 짜증을 부렸다.

그날 밤 챠니나의 아내는 남편이 자기 말대로 기도하자 하늘에서 금으로 된 식탁의 다리 한 개가 떨어지는 꿈을 꾸었다. 그는 그 금덩어리 식탁 다리를 팔아 풍족한 삶을 누렸다. 그의 꿈은 계속되어 내세에까지 가게 되었다. 그런데 다른 사람들은 모두 다리가 세 개 달린 황금 식탁에서 즐겁게 식사를 하고 있는데, 자기의 식탁은 다리가 두 개뿐이었다. 그래서 그 위에 음식을 차려 놓고 식사를 할 수가 없었다. 그래서 챠니나의 아내는, 사람은 이 생의 식탁에서도 즐겁게 먹고 내세의 식탁에서도 즐겁게 먹을 수 없다는 것을 깨달았다.

왜 하느님이 직접 먹이고 입히지 않는가?

팔레스타인 총독으로 부임한 티네이어스 루퍼스가 라비 아키바에게 물었다.

"당신들의 하느님이 가난한 사람들을 사랑한다면, 왜 직접 그들을 먹이고 입히지 않습니까?"

아키바가 대답했다.

"우리가 그들을 돕게 함으로써 우리를 구원하시기 위함이지요."

그러자 티네이어스 루퍼스가 말했다.

"만약 어떤 왕이 말썽을 피우는 하인을 감옥에 가두고 다른 하인들에게 그에게 먹을 것과 마실 것을 주지 말라고 명령했다고 칩시다. 그런데 다른 하인이 그에게 음식을 먹이고 마실 것을 주었다면 왕이 화를 내지 않을까요? 당신들은 스스로 '하느님의 종'이라고 하고 가난한 것도 다 하느님의 뜻일 텐데, 가난한 사람에게 먹을 것과 입을 것을 주는 것은 종이 주인의 뜻을 어기는 것과 같지 않습니까?"

아키바가 대답했다.

"만약 어떤 왕이 자기 아들이 말썽을 부리자 그를 감옥에 넣으면서 그에게 먹을 것과 마실 것을 주지 말라고 명령했다고 칩시다. 그런데 다른 아들이 아버지 몰래 감옥에 갇힌 아들에게 음식을 먹이고 마실 것을 주었다면 아버지는 속으로 기뻐하지 않을까요? 성서에는 우리가 '하느님의 자녀'라고 기록되어 있답니다."

털 깎은 양

털을 깎아 벌거숭이가 된 양과 털을 깎지 않아 북실북실한 양이 있었다. 두 마리가 시내를 건너는데 털을 깎은 양은 무사히 건넜으나, 털을 깎지 않은 양은 털에 물이 배어 빠져 죽고 말았다.

이것은 자선을 권장하기 위해 만들어 낸 이야기이다. 속담에도 이런 말이 있다.

"자선을 향해 열려 있지 않은 문은 의사에게 열릴 것이다."

"거지가 당신 문 앞에 설 때 당신은 축복을 받은 것이다. 거지 오른편에 하느님이 함께 서 계시기 때문이다."

손님 접대하러 간다

하루는 힐렐이 제자들을 가르친 다음 어디론가 급히 떠났다. 제자들이 "선생님, 어디를 그리 바쁘게 가십니까?" 하고 묻자, 힐렐은 "내 집에 찾아온 손님을 접대하러 간다."고 대답했다. 제자들은 댁에 어떤 손님이 찾아 왔길래 선생님이 저렇게 바쁘게 서두르는지 궁금해서 그의 뒤를 따라가 보았다. 그런데 힐렐은 집으로 가지 않고 공중 목욕탕으로 들어갔다. 제자들이 따라 들어가서 물었다.

"아니 선생님, 댁에 손님이 오셔서 접대하러 간다고 하시더니 댁에는 왜 안 가시고 목욕을 하고 계세요?"

힐렐이 태연하게 대답했다.

"이 사람들아, 오늘은 여기 있다가 내일이면 가 버리는 몸이 손님이 아니고 무엇인가? 나는 지금 이 손님을 접대하고 있는 중이라네."

제자들은 사람은 영혼뿐만 아니라 몸도 잘 보살펴야 한다는 것을 깨달았다.

육체의 책임인가, 영혼의 책임인가?

라비 유다와 그의 친구 안토니우스가 대화를 하다가 육체와 영혼의 책임 문제로 논란이 벌어졌다. 안토니우스가 유다에게 말했다.

"육체와 영혼 둘 다 내세의 심판에 대해서 걱정할 필요가 없을 걸세."

"어째서 그런가?"

"육체는 죄를 지은 것은 영혼이라고 말할 거야. 왜냐하면 영혼이 자기를 떠난 다음에는 자기는 돌이나 다름없이 무덤 속에 묻혀 있다고, 영혼이 없으면 자기는 한 발짝도 움직이지 못한다고 말할 거야. 그러니 자기는 책임이 없고 죄의 책임은 영혼에게 있다고 말이지."

안토니우스는 말을 이었다.

"그러면 영혼은 아니라고 하겠지. 죄를 지은 것은 자기가 아니라 육체라고. 왜냐하면 자기는 육체에서 빠져 나오자 죄를 짓지도 않고 새처럼 자유롭게 날아다니고 있기 때문이라고 말이야."

라비 유다가 안토니우스의 말을 받았다.

"내가 비유를 하나 들어 보겠네. 어떤 사람이 달고 맛있는 과일이 주렁주렁 달린 과수원을 가지고 있었다네. 그는 과수원지기 두 사람을 두었는데 한 사람은 앉은뱅이였고 다른 한 사람은 장님이었다네. 앉은뱅이는 맛있는 과일이 어디에 달렸는지 빤히 보면서도 그곳에 손이 닿지 않아 따먹을 수가 없고, 장님은 손은 닿아도 어디에 달렸는지를 볼 수가 없어서 따먹을 수가 없었지. 하루는 앉은뱅이가 장님에게 말했어. '나는 잘 익은 과일이 어디에 달렸는지를 알고 너는 그 밑에까지 갈 수 있느니, 목말을 태워 주면 우리 둘이 맛있는 과일을 실컷 따먹을 수 있지 않겠나?'

그들은 그렇게 해서 잘익은 과일을 실컷 따먹었지. 얼마 후 그 사실을 안 주인이 앉은뱅이 과수원지기에게 물었어.

'첫 열매가 가장 맛있는데, 누가 다 따먹었는가?'

앉은뱅이가 대답했네.

'저는 일어설 수가 없어서 저 혼자는 열매를 따먹을 수가 없습니다.'

이번에는 주인이 장님 과수원지기에게 묻자 그는 이렇게 대답했지.

'저는 잘 익은 과일이 어디에 달렸는지를 볼 수가 없습니다. 그래서 누가 따 주지 않으면 먹을 수가 없습니다.'

그들은 이렇게 말하면서 첫 열매를 따먹은 것은 자기의 죄가 아니라고 변명했다네. 자네는 누구의 잘못이라고 생각하나? 주인은 장님에게 앉은뱅이를 목말 태우게 한 다음 둘 다 감옥에 집어 넣었다네."

믿는 대로 된다

유대교로 개종한 외국인 점성술사가 있었다. 어느날 그는 먼 곳에 다녀올 일이 생겼다. 그런데 징조가 불길하여 '이런 날 여행하면 좋지 않은 일이 일어나는데……' 하면서 길 떠나기를 망설였다. 잠시 생각한 다음 그는 이렇게 말하며 길을 떠났다. "유대교로 개종하여 하느님의 백성이 된 내가 옛날 미신에 사로잡힌다니 말이 되나."

그는 여행 도중에 강도를 만나 타고 가던 당나귀를 뺏기고 간신히 목숨만 건졌다. 그렇다면 그가 곤경에 빠지게 된 원인은 무엇인가? 그것은 그가 징조가 불길하다고 생각했기 때문이다. 그렇다면 그가 목숨을 건지게 된 원인은 무엇인가? 그것은 그가 자신은 하느님의 백성이라고 믿었기 때문이다.

이것은 누구든지 자기가 믿는 대로 자기에게 일이 일어난다는 사실을 가르치기 위해서 만든 이야기이다.

로마 황제의 꿈

로마 황제가 한 라비에게 "듣자 하니 그대는 매우 현명하다는데, 오늘 밤에 내가 무슨 꿈을 꿀는지 한 번 말해 보라."라고 말했다. 라비는 "폐하, 폐하는 오늘 밤 페르시아 사람들이 폐하를 노예로 만들고, 약탈하고, 폐하의 금지팡이로 더러운 동물들의 시체를 치우게 하는 꿈을 꾸실 것입니다."

황제는 하루 종일 라비가 말한 꿈 내용을 생각했다. 잠들기 직전에도 그 생각을 하다가 잠이 들었다. 그리고 그날 밤 실제로 라비가 말한 것과 똑같은 내용의 꿈을 꾸었다. 황제는 다음 날 아침 일찍 라비를 불러서 물었다.

"그대는 내가 무슨 꿈을 꿀 것인지를 어떻게 알았는가?"

라비가 대답했다.

"폐하, 꿈이란 사람이 마음속 깊이 간직하고 있는 것이 나타나는 것이랍니다. 황제께서는 하루 종일 제가 말씀드린 꿈을 생각하셨고, 그랬기 때문에 꿈에 그것이 나타난 것이지요."

참된 지혜

마케도니아의 알렉산더 대왕이 유대인 현자들에게 물었다.

"누가 현명한 사람입니까?"

유대인 현자들이 대답했다.

"통찰력이 있는 사람이 현명한 사람입니다."

알렉산더가 또 물었다.

"누가 힘 있는 사람입니까?"

유대인 현자들이 대답했다.

"자신의 충동을 극복하는 사람이 힘 있는 사람입니다."

알렉산더가 물었다.

"누가 부유한 사람입니까?"

유대인 현자들이 대답했다.

"자신이 가지고 있는 것에 만족하는 사람이 부유한 사람입니다."

알렉산더가 다시 물었다.

"어떻게 하여야 살 수 있습니까?"

유대인 현자들이 대답했다.

"살기 위해서는 에고를 죽여야 합니다. 에고를 죽이는 사람은 영원한 생명을 얻을 것입니다."

알렉산더가 물었다.

"어떻게 하면 죽습니까?"

유대인 현자들이 대답했다.

"에고를 살리면 죽습니다. 에고를 살리는 사람은 영원한 죽음에 이를 것입니다."

참된 겸손

다음은 장로 힐렐의 말이다.

"공동체에서 벗어나지 마라. 그리고 죽는 날까지 스스로 겸손하라. 자신만만해하지 마라. 네가 그의 입장이 되기 전까지는 너의 친구를 판단하지 마라. 그리고 은밀히 속삭이지 마라. 낮은 목소리로 속삭인 말도 결국에는 드러나기 마련이다. 또 '시간이 있다면 공부를 할 텐데.'라고 말하지 마라. 그렇게 말하는 사람에게는 죽을 때까지 공부할 시간이 생기지 않는다."

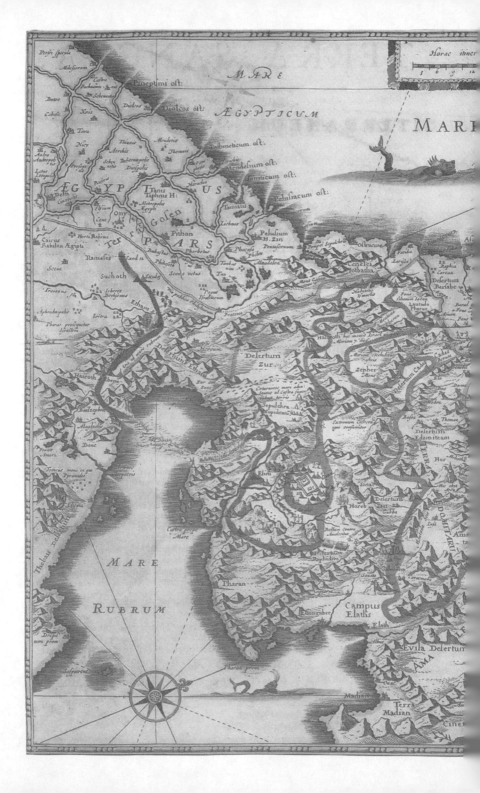

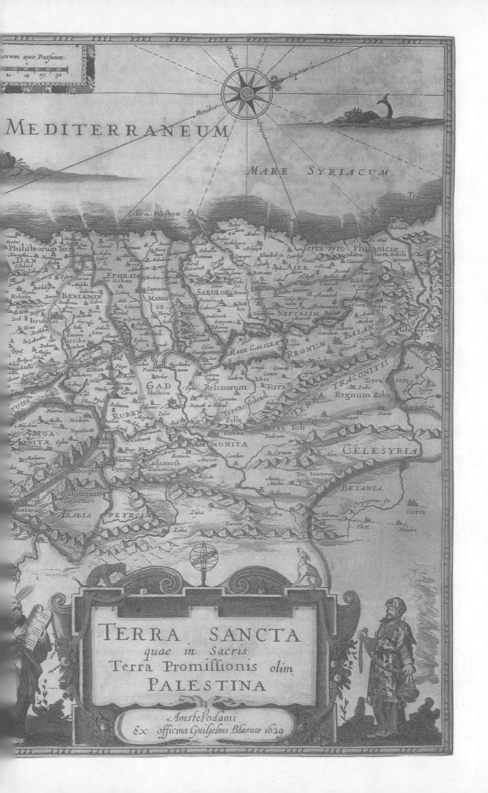

MEDITERRANEUM

MARE SYRIACUM

TERRA SANCTA
quae in Sacris
Terra Promissionis olim
PALESTINA

Amstelodami
Ex officina Guilielmi Blaeuw 1629

현명한 사람과 어리석은 사람

현명한 사람과 어리석은 사람의 7가지 특징이 있다.

1. 현명한 사람은 자기보다 지혜로운 사람 앞에서는 말하지 않는다.

2. 현명한 사람은 다른 사람이 이야기하고 있는 동안에는 그의 말을 가로채어 끼어 들지 않는다.

3. 현명한 사람은 다른 사람의 말에 귀를 기울여 한 마디도 흘려 보내지 않는다.

4. 현명한 사람은 적절한 질문을 하고 적절한 대답을 한다.

5. 현명한 사람은 조리 있게 말한다.

6. 현명한 사람은 자기가 알지 못하는 문제에 대해서는 '저는 그것에 대해서는 아는 바가 없습니다.' 라고 말한다.

7. 현명한 사람은 자기와 반대 입장에 서 있는 사람이 말하는 것이 진리라고 인정되면 주저하지 않고 그의 말을 인정한다.

어리석은 사람은 현명한 사람의 이런 특징과 반대되는 특징을 가진 사람이다.

위를 바라보라

"모세가 그의 팔을 들면 이스라엘이 더욱 우세하고, 그가 팔을 내리면 아말렉이 더욱 우세하였다."(출 17:11)는 기록이 있다.

이 사건은 이스라엘과 아말렉 족속이 전쟁을 하는 동안에 있었던 일이다. 그런데 모세의 팔이 전쟁에 이기게도 하고 지게도 하는 힘을 가지고 있었다는 말인가?

이 이야기가 주는 교훈은 이렇다. 이스라엘 백성이 위를 바라보고 하늘에 계신 아버지께 마음을 다하여 순종하면 점점 강해질 것이지만, 그렇지 않고 땅에 묶이면 쇠퇴하리라는 것이다.

비슷한 이야기가 또 있다. "주께서 모세에게 말씀하셨다. '너는 불뱀을 만들어 기둥 위에 달아 놓아라. 물린 사람은 누구든지 그것을 보면 살 것이다.' 그리하여 모세는 구리로 뱀을 만들어서 그것을 기둥 위에 달아 놓았다. 뱀이 사람을 물었을 때에, 물린 사람은 구리로 만든 그 뱀을 쳐다보면 살아났다."(민 21:8-9)

이 사건은 이스라엘 백성이 모세의 명령을 거역하자 하느님께서 불뱀을 보내 많은 사람이 물려 죽어가고 있을 때 있었던 일이다. 그런데 구리로 만든 뱀이 죽이기도 하고 살리기도 하는 힘을 가졌다는 말인가?

이 이야기가 주는 교훈은 이렇다. 이스라엘 백성이 위를 바라보고 하늘에 계신 아버지께 마음을 다하여 순종하면 치료를 받아 살아날 것이지만, 그렇게 하지 않으면 생명력을 잃고 말라 버릴 것이라는 뜻이다.

침묵이 가장 좋다

현자 시므온의 말이다.

"나는 한 생을 현자들 가운데서 성장했다. 나는 현자들에게, 사람에게는 침묵보다 더 좋은 것이 없다는 것을 배웠다. 그리고 배우는 것보다 행하는 것이 더 중요하며, 말이 많은 사람은 결국 죄를 짓게 된다는 것도 배웠다.

죄를 두려워하라

죄를 짓지 않을까 두려워하는 마음이 자신의 지혜에 대한 자신감보다 큰 사람의 지혜는 점점 더 성장한다. 하지만 자신의 지혜에 대한 자신감이 죄를 짓지 않을까 두려워하는 마음보다 큰 사람의 지혜는 말라 버린다. "주님을 경외하는 것이 지혜의 근본이다. 이것을 실천하는 사람은 바른 깨달음을 얻는다."(시편 111:10)는 말씀이 바로 그런 뜻이다.

라비 하니나는 말한다. "지혜보다 행위가 큰 사람의 지혜는 말라 버리지 않을 것이다. 그러나 행위보다 지혜가 큰 사람의 지혜는 말라 버릴 것이다."

사람들이 라비 요하난 벤 자카이에게 물었다.

"죄를 짓지 않을까 두려워하는 마음을 가지고 있는 현자를 무엇에 비유할 수 있을까요?"

라비가 대답했다.

"그런 사람은 손에 연장을 들고 있는 기술자와 같습니다."

"그러면 죄를 짓지 않을까 두려워하는 마음이 없는 현자는요?"

"그런 사람은 연장이 없는 기술자와 같지요."

"그렇다면 현자는 아니지만 죄를 두려워하는 마음을 가지고 있는 사람은요?"

"그런 사람은 기술자는 아니지만 손에 연장을 들고 있는 사람이지요."

기술자가 연장을 가지고 있다면 무엇이든지 만들 수 있다. 그러나 연장이 없는 기술자는 아무리 만드는 법을 알고 있더라도 만들 수가 없다. 연장은 있지만 기술이 없는 사람은 만들기는 하여도 제대로 만들지 못할 것이다.

행위가 뒤따르지 않는 배움

라비 엘르아자르 아자리야는 말한다.

"토라를 배우지 않는다면 적절히 행동할 수 없을 것이다. 또 적절히 행동하지 못하는 사람은 토라를 배우지 못할 것이다. 지혜가 없다면 하느님을 공경하지 못할 것이다. 또 하느님을 공경하지 않는다면 지혜를 얻지 못할 것이다.

선한 행위를 하고 토라를 열심히 공부하는 사람은 물가에 뿌리를 깊이 내리고 있는, 가지가 많지 않은 나무와 같다. 그런 사람은 사방에서 바람이 불어와도 흔들리지 않는다. '그는 물가에 심은 나무와 같아서 뿌리를 개울가로 뻗으니 잎이 언제나 푸르므로, 무더위가 닥쳐 와도 걱정이 없고, 가뭄이 심해도 걱정이 없다. 그 나무는 언제나 열매를 맺는다.'(렘 17:8)라는 말씀이 바로 그런 사람을 가리키는 말이다.

토라를 열심히 공부하지만 선한 행위가 뒤따르지 않는 사람은 가지는 많지만 뿌리가 깊지 못한 나무와 같다. 그런 나무는 바람이 불어오면 뽑혀서 날아가 버린다. '그는 황야에서 자라는 가시덤불 같아서, 좋은 일이 오는 것을 볼 수 없을 것이다. 그는, 소금기가 많아서 사람이 살 수도 없는 땅, 메마른 사막에서 살게 될 것이다.'(렘 17:6)라는 말씀이 바로 그런 사람을 가리키는 말이다."

라비 엘리사 아부야는 말한다.

"선한 행위만 하고 토라에 대한 공부도 깊은 사람은 바위 위에 벽돌을 쌓아 집을 짓는 사람과 같다. 그런 집은 홍수가 나도 무너지지 않는다.

토라는 열심히 공부하지만 선한 행위를 하지 않는 사람은 흙벽돌 위에 돌을 쌓아 집을 짓는 사람과 같다. 그런 집은 비가 조금만 와도 기초가 허물어져 무너져 버린다.

선한 행위만 하고 토라에 대한 공부도 깊은 사람은 재갈을 물린 말과 같다. 그러나 토라는 열심히 공부하지만 선한 행위가 뒤따르지 않는 사람은 고삐 풀린 말과 같다. 누가 올라타려고 하면 그 말은 제멋대로 날뛰면서 타려고 하는 사람을 내동댕이칠 것이다."

완성하는 것이 의무는 아니다

라비 타르폰은 말한다.

"사람의 한평생은 짧다. 그러나 하여야 할 일이 산더미처럼 밀려들어서 좀처럼 쉴 틈이 없다. 그러나 그대가 해야 하는 의무를 열심히 수행하라. 어떤 일을 완성하는 것이 그대의 의무는 아니다. 그대의 의무는 마땅히 하여야 할 일을 행하는 것이다. 그대는 무엇을 완성했느냐가 아니라, 얼마나 열심히 의무를 수행했느냐에 따라 심판을 받을 것이다."

한 사람만 창조한 이유

하느님께서 맨 처음 사람을 만드실 때 한 사람만 만드신 이유에 대해 라비들은 여러 가지 의견을 제시한다.

첫째, 하느님께서 한 사람만 창조하신 이유는 인류의 평화를 위해서이다. 하느님은 '나의 조상이 너의 조상보다 위대하다'고 하면서 서로 싸우지 않도록 하기 위해서 한 사람만을 창조하셨다.

둘째, 의로운 사람이 악한 사람들에게 '우리의 조상은 너희의 조상과 달리 의로운 사람이었다.'고 말하지 못하도록 하기 위해서, 그리고 악한 사람이 세상에 선하고 의로운 사람들이 있음에도 불구하고 '우리는 원래 악한 죄인의 후손이기 때문에 어쩔 수 없이 그 기질을 물려받았다.'고 핑계 대지 못하도록 하기 위해서 하느님은 한 사람만 창조하셨다.

셋째, 한 사람만 만드신 이유는 가정과 인류의 평화를 위해서이다. 한 사람에게서 나온 사람들이 이룬 가정과 세상에서 싸움이 그칠 날이 없는데, 두 사람을 만드셨다면 얼마나 더 혼란했겠는가!

사람마다 얼굴이 다른 이유

사람마다 얼굴 모양이 다르다. 한 사람도 똑같은 경우가 없다. 쌍둥이조차도 구별이 된다. 왜 그런 것일까? 이에 대해 한 라비는 이렇게 말한다.

"하느님께서는 다른 사람의 재산이나 이웃의 아내를 탐내지 못하도록 하기 위해서 얼굴 모양을 서로 다르게 하셨다. 만약 얼굴이 똑같아서 누가 누군지 구별할 수 없다면 탐나는 집이 있으면 '이건 내 집'이라고 하고, 맘에 드는 여자가 있으면 '이 여자는 내 아내'라고 하면서 서로 싸우지 않겠는가? 얼굴이 서로 달라도 남의 것을 자기 것이라고 우기는 사람이 있고, 남의 아내와 잠자리를 같이하는 사람이 있는 마당에 얼굴마저 구별할 수 없었다면 어떤 일이 벌어졌겠는가?"

사람이 맨 마지막 날 창조된 이유

성서에서는 세상 만물이 다 만들어진 다음에, 마지막 날 사람이 창조
되었다고 말하고 있다. 라비들은 그 이유를 이렇게 설명한다.

첫째, 사람들이 교만해지지 않도록 하기 위해서 맨 나중에 창조되었
다. 앵앵거리며 날아다니는 모기 한 마리조차도 사람보다 먼저 창조되
었다는 것을 알고 겸손해지도록 하기 위해서, 하느님은 사람을 맨 나중
에 만드셨다.

둘째, 사람이 가장 귀중한 존재이기 때문에 맨 나중에 창조되었다.
예를 들면 어떤 사람이 잔치를 베풀려면 잔치에 필요한 음식과 술을 모
두 준비한 다음에 손님을 초청하는 것과 마찬가지 이유이다.

좋은 쪽으로 이해하기

북쪽 갈릴리 지방에 사는 어떤 사람이 남쪽 지방으로 내려가서 다른
사람의 집에 고용되어 3년간 열심히 일했다. 모든 종과 노예를 해방시
켜 주는 해인 대속죄일 저녁에 그가 주인에게 말했다.

"그 동안 제가 일한 품값을 주십시오. 그걸 가지고 가서 아내와 자식
들을 먹여 살려야겠습니다."

그러자 주인이 대답했다. "준비해 둔 돈이 없네."

"그렇다면 수확한 곡식으로 주십시오."

"곡식도 줄 것이 없다네."

"그러면 땅이라도 조금 주십시오."

"그것도 없다네."

"그러면 가축으로 주십시오."

"가축도 줄 것이 없네."

"그러면 옷이나 담요 같은 것으로 주십시오."

"그것도 없다네."

그 사람은 모든 것을 포기하고 허탈한 심정으로 집으로 돌아갔다. 대속죄일 축제가 끝난 다음에 주인은 갈릴리 사람에게 줄 품삯을 나귀 세 마리에 나누어 싣고 그 사람의 집을 찾았다. 갈릴리 사람은 먼 길을 온 옛날 주인에게 먹을 것과 마실 것을 대접했다. 음식을 먹고 난 다음, 주인은 나귀 세 마리에 가득 싣고 온 밀린 품값을 건네어 주었다. 그러면서 물었다.

"내가 돈이 없다고 말했을 때 어떻게 생각했나?"

"무슨 큰 거래를 하면서 현금을 다 지불한 모양이라고 생각했지요."

"내가 내어 줄 곡식이 없다고 말했을 때 어떻게 생각했나?"

"아직 십일조를 바치지 않아서 곡식을 건드릴 수 없는 모양이구나라고 생각했습니다."

"내가 줄 가축이 없다고 말했을 때 어떻게 생각했나?"

"다른 사람에게 가축을 다 빌려 주었나 보다라고 생각했지요."

"내가 줄 땅도 없다고 말했을 때 어떻게 생각했나?"

"땅을 다른 사람에게 모두 소작으로 내 준 모양이라고 생각했습니다."

"내가 옷이나 담요도 없다고 말했을 때 어떻게 생각했소?"

"모든 재산을 하느님께 바치기로 맹세한 모양이라고 생각했지요."

그러자 주인이 감탄을 하며 말했다. "그렇다네, 그대 말대로였다네. 나에게 토라 공부는 하지 않고 말썽만 피우는 아들 녀석이 하나 있는데, 친구들에게 그 녀석을 제대로 된 사람으로 만들어 주기만 한다면 내 모든 재산을 주겠다고 약속했다네. 그래서 내 재산을 하나도 건드릴 수가 없었다네. 그런데 이번 대속죄일 기간에 친구들이 나의 맹세를 없었던 것으로 물러 주었다네. 그래서 그대에게 품삯을 줄 길이 열린 것이지. 그대는 정말 좋은 사람이네. 의심나는 점을 상대방에게 유리한 쪽으로 이해해 주다니. 모든 것을 지켜보고 계시는 하느님께서 그대에게 한없는 복을 내리시기를 바라네."

좋은 쪽으로 생각하기

라비 사무엘은 나쁜 꿈을 꾼 다음에는 "꿈은 거짓이야. 성서에도 꿈은 거짓이라고 기록되어 있지."(슥 10:2)라고 말하곤 했다.

그는 좋은 꿈을 꾼 다음에는 "꿈이 거짓이라구? 천만에, 하느님께서는 꿈을 통해 말씀하시겠다고 약속하셨지."(민 12:6)라고 말하곤 했다.

술의 노예

하루에 술을 12잔은 마셔야 잠을 자는 사람이 있었다. 어느날 그는 11잔을 마시고 잠자리에 들었다. 그러나 술 생각으로 도무지 잠이 오지 않았다. 그는 일어나 어두운 밤길을 걸어 술집으로 갔다. 이미 밤이 깊어 술집 문은 굳게 닫혀 있었다. 그는 문을 두드리며 주인을 깨웠다.

"이보시오 주인장, 술 좀 주시오."

주인은 잠에서 덜 깬 듯한 목소리로 대답했다.

"이미 밤이 깊어서 가게 문을 열어 드릴 수가 없습니다."

"당신이 술을 팔지 않으면 내가 오늘 밤 한 숨도 자지 못할 것 같소. 그러니 귀찮더라도 한 잔만 파시오."

"지금 통행금지 시간이어서 야경꾼들이 돌아다니고 있을 텐데 가게 문을 열었다가 그들에게 들키기라도 하면 큰일납니다. 그러니 그냥 돌아가세요."

술꾼은 어떻게 하면 술을 한 잔 얻을 수 있을까 궁리하다가 문에 조그만 구멍이 하나 뚫려 있는 것을 발견했다. 그는 대단한 묘책이라도 발견한 것처럼 주인에게 말했다.

"그럼 좋소. 여기 문에 구멍이 하나 뚫려 있는데 내가 그 속으로 밀짚 대롱을 집어 넣을 테니 당신은 안에서 그 대롱 끝에다 술 대접만 갖다 대어 주시오. 그럼 당신은 문을 안 열어도 되고 나는 밖에서 술을 빨아먹으리다."

술집 주인은 더 이상 거절하지 못하고 그렇게 해 주었다. 술꾼은 밖에서 밀짚 대롱으로 술을 빨아먹었다. 한 대접을 순식간에 다 빨아먹은 술꾼은 12잔을 다 채웠다고 생각하니 마음이 풀어져 그 자리에 주저앉아 잠이 들고 말았다. 야경꾼들이 순찰을 돌다가 술집 문 앞에 쭈그리고 앉아 잠들어 있는 그를 발견했다. 그들은 술꾼을 깨웠다. 그러나 술꾼은 꼼짝도 하지 않았다. 야경꾼들은 그가 도둑인데 자기들에게 걸리자 술취한 사람인 척하는 것일 거라고 생각하고 방망이로 두들겨 팼다.

저주인가 축복인가?

현자로 알려진 라비 가말리엘의 딸이 결혼을 하게 되었다. 딸이 그에게 말했다.

"아버지, 제가 이제 결혼을 하는데 축복 기도를 해 주세요."

"아무렴 그래야지. 네가 다시는 이 집에 돌아오지 않기를 바란다."

이번에는 시집간 딸이 아들을 낳았다. 딸이 그에게 말했다.

"아버지, 나와 아이를 위해서 기도해 주세요."

"아무렴 그래야지. 너의 입에서 '아이구 저런' 하는 소리가 떠나지 않기를 바란다."

딸이 아버지에게 말했다.

"아니 아버지, 축복을 해 달라니까 축복은 못 해 주실 망정 저주를 하시다니요. 그것도 두 번씩이나요."

가말리엘이 조용한 목소리로 딸에게 말했다.

"얘야, 나는 두 번 다 축복을 한 거란다. 네가 시집에서 그 집 식구들과 평안하게 지낸다면 친정 집으로 돌아오지 않을 것이고, 네 입에서 '아이구 저런' 하는 소리가 떠나지 않는다면 그건 네 아들이 아직 잘 크고 있다는 증거가 아니겠니? 네 아들이 살아 있다면 네 입에서 '아이구 저런, 그건 먹으면 안 돼,' '아이구 저런, 아직도 학교에 가지 않았구나,' '아이구 저런, 그걸 가지고 놀면 위험하다니까.' 라는 소리가 떠나지 않을 것이 아니겠니?"

어디까지 참을 수 있을까?

라비 요세의 아내는 소문난 악처였다. 제자들은 남편을 존경하지 않는 아내와 이혼하고 더 좋은 부인을 맞으시라고 여러 번 간청했다. 그때마다 요세는 이혼 위자료를 줄 돈이 없어서 그렇게 못 한다고 대답했다.

어느날 엘르아자르와 아자리야가 스승과 공부를 끝낸 다음 "선생님, 오늘 선생님 댁에 가도 될까요?" 하고 물었다. 요세는 그들의 요청을 받아들였다. 그들이 요세의 집에 당도했다. 그러나 부인은 무슨 일로 화가 났는지, 남편과 그의 제자들이 왔는데도 본 척도 안 하고 문을 쾅 닫으며 밖으로 나갔다. 화덕 위에 올려져 있는 솥에서 음식 익는 냄새가 났다. 요세가 밖에 있는 아내에게 물었다.

"저기 화덕 위에 올려 놓은 것이 뭐요?"

밖에서 아내가 퉁명스럽게 대답했다.

"뭐긴 뭐예요, 저민 고기 요리지요."

"먹어도 되는 거요?"

"먹든지 말든지 맘대로 하시구려."

요세는 솥뚜껑을 열고 그 안에 들어 있는 음식을 꺼냈다. 그러나 그것은 저민 고기가 아니라 통닭이었다. 요세와 엘르아자르와 아자리야는 함께 그 통닭을 먹었다. 먹는 도중에 제자들이 스승에게 물었다.

"선생님, 사모님께서는 솥 안에 저민 고기가 들어 있다고 하셨잖아요. 그런데 저민 고기가 아니라 통닭이네요."

요세가 아무렇지도 않다는 듯이 대답했다.

"하느님께서 기적을 일으키신 모양이네."

음식을 다 먹고 난 다음에 제자들이 다시 스승께 말했다.

"선생님, 사모님과 이혼하세요. 사모님은 선생님을 전혀 존경하지 않잖아요. 선생님의 명예에도 나쁜 영향을 미치고 있고요."

요세가 대답했다.

"그래, 나도 그러고 싶다. 그러나 이혼 위자료로 줄 돈이 없어서 그렇게 못하겠다."

"그럼 저희들이 돈을 모아서 위자료를 마련해 드리면 그렇게 하시겠습니까?"

"그래, 그런다면 그렇게 하지."

엘르아자르와 아자리야는 다른 제자들에게 이 이야기를 전하고 모금을 해서 스승의 부인에게 위자료를 줄 수 있을 만큼 충분한 돈을 모았다. 요세는 그 돈을 부인에게 주고 이혼을 했다. 그리고 요세를 존경하고 인품이 훌륭한 다른 여인과 결혼했다.

요세와 이혼한 부인은 자신의 신분을 숨긴 채 마을의 수비대원과 결혼했다. 그런데 얼마 후 그 수비대원이 심한 병을 앓기 시작했다. 그는 겨우 자리에서 일어나기는 했지만 후유증으로 시력을 잃었고 수비대원 일도 더 이상 할 수가 없었다. 모아 놓은 재산도 없었다. 그들은 졸지에 거렁뱅이 신세로 전락했다.

부인은 눈먼 남편을 앞세우고 이 마을 저 마을로 동냥을 다녔다. 그러다가 라비 요세가 사는 집 근처까지 오게 되었다. 눈먼 남편이 말했다.

"여기 어디쯤엔가에 훌륭한 라비가 한 분 사실 텐데. 그 분은 자비심이 많다고 소문이 자자하던데, 우리 그 분 집으로 갑시다. 아마 넉넉하게 베풀어 주실 것이오."

그제서야 아내는 자기의 과거를 털어 놓았다. 그 라비가 자기의 전

남편이었으며 그것을 숨기고 당신과 결혼을 했다고 사실대로 털어 놓았다. 그래서 자기는 창피해서 그 집에는 갈 수가 없다고 말했다. 그러면서 이제 와서 어쩌겠냐고 오히려 역정을 냈다. 그러자 남편은 이성을 잃고 아내의 머리채를 잡고 마구 두들겨 패기 시작했다. 여자도 질세라 온 동네가 떠나갈 듯 소리를 지르면서 대들었다. 요세는 왜 이렇게 시끄러운가 하면서 창으로 밖을 내다보았다. 그는 이혼한 자기의 전 아내와 눈먼 그의 남편이 싸우고 있는 모습을 보았다. 그는 서둘러 밖으로 나가서 그들을 자기 집으로 데리고 들어왔다. 그리고 그들에게 음식을 주고, 자기 집에서 함께 살도록 했다.

라비 요세는 "내가 기뻐하는 금식은 굶주린 사람에게 너의 양식을 주는 것, 떠도는 불쌍한 사람을 집에 맞아들이는 것이 아니냐? 헐벗은 사람을 보았을 때에 그에게 옷을 입혀 주는 것, 너의 골육을 피하여 숨지 않는 것이 아니겠느냐?"(사 58:7)라는 하느님의 말씀을 완벽하게 실천한 것이다.

갈대와 삼나무

라비 시므온 벤 엘르아자르가 나귀를 타고 해안가 길을 따라 가다가 얼굴이 아주 못생긴 바보처럼 보이는 사람을 만났다. 그는 "지독하게 못생겼구먼." 하고 중얼거리며 농담처럼 말을 건넸다.

"이 동네 사람들은 모두 당신처럼 못생겼소?"

그 사람이 아무렇지도 않다는듯이 대답했다.

"나를 만든 사람을 찾아가서 물어 보시오, 당신이 만든 저 사람이 왜 저렇게 못생겼느냐구요."

라비 시므온은 그 말을 듣는 즉시 자기가 잘못했다는 것을 깨달았다. 그는 얼른 나귀에서 내려 그에게 머리를 숙이며 용서를 빌었다. 그러나 화가 가시지 않은 그가 말했다.

"나를 만든 사람에게 찾아 가서 '당신이 만든 사람이 왜 이렇게 추하냐?'고 말하고 돌아오기 전까지는 당신을 용서할 수 없소."

시므온은 그 사람의 뒤를 3마일이나 따라가면서 계속 용서를 빌었다. 그러다가 마을 어귀까지 도달했다. 그들이 마을 어귀에 도착하자 동네 사람들이 몰려나와 "선생님, 선생님께 주의 평화가 함께하시길 빕니다."라면서 인사를 했다. 그가 마을 사람들에게 물었다.

"지금 누구 보고 '선생님' 이라고 한 것입니까?"

"당신과 함께 오신 저 분이 선생님일세."

그가 마을 사람들에게 말했다.

"이 사람이 선생이라구요? 선생은 무슨 말라 죽을 선생이요!"

마을 사람들이 그에게 물었다.

"아니, 무슨 일이 있었길래 그렇게 험하게 말을 하나?"

그 사람은 라비 시므온이 자기에게 어떻게 했는지를 말했다. 그러자 마을 사람들이 말했다.

"아니 이 사람아, 선생님께서 그렇게 용서를 비셨다면 용서를 해 드려야지."

"좋습니다. 이 사람이 다시는 그런 행위를 하지 않는다는 조건으로 용서를 해 드리지요."

그날 저녁 마을 사람들이 모두 회당에 모이고 시므온이 설교를 했다.

"삼나무처럼 단단하지 말고, 갈대처럼 부드러워야 합니다. 갈대는 바람이 불면 저항하지 않고 몸을 눕힙니다. 그러나 바람이 멎으면 다시 일어납니다. 이런 갈대로 토라를 쓰는 펜과 종이를 만듭니다. 그러나 삼나무는 바람이 불어도 몸을 굽히지 않고 버티다가 결국에는 뿌리가 뽑혀버리고 맙니다. 그러면 나무꾼이 베어다가 아궁이에 던져 넣습니다."

감정의 노예가 되지 않도록

성서에 "주 너희의 하나님은 질투하는 하나님이다."라는 말이 여러 번 나온다. 라비들은 이 말에 대해 이렇게 가르친다.

"하느님은 질투하시지만, 질투심에 사로잡히지는 않는다. 질투심이 주인이 아니라 하느님이 주인이다. 그러므로 너희도 질투심이 주인이 되어 너희를 이리저리 끌고 다니지 않도록 하라."

하루에도 수없이 감정의 변화가 일어난다. 그러나 감정에 사로잡혀, 감정이 끌고 가는 대로 끌려 다니면 파멸에 이른다.

황금률

다음은 라비 요세의 말이다.

"네 이웃의 재산을 너의 재산처럼 소중히 여겨라. 그리고 토라를 배울 만반의 준비를 갖추어라. 토라에 관한 앎은 유산으로 물려받을 수 있는 것이 아니기 때문이다. 그리고 무슨 일을 하든 하늘의 일로 여기고 하라. 그러면 잘못된 길로 가지 않으리라."

"누구나 자기의 이름이 좋게 소문나기를 바란다. 자기의 이름이 나쁜 소문으로 돌아다니기를 바라는 사람은 없다. 그러므로 너희는 다른 사람의 명예를, 너의 명예처럼 소중히 여겨라."

 ### 죽이고 살리는 힘

"죽고 사는 것이 혀의 힘에 달렸으니, 혀를 잘 쓰는 사람은 그 열매를 먹는다."(잠 18:21) 이 구절에 대해 바르 시라는 이렇게 말한다.

"불이 꺼져 가는 숯덩이가 있다. 입으로 그 숯덩이에 바람을 불면 불이 다시 살아난다. 그러나 침을 뱉으면 불이 꺼진다. 이렇게 똑같은 입으로 불을 살릴 수도 있고 죽일 수도 있다."

라비 가말리엘이 심부름하는 아이에게 시장에 가서 비싸더라도 가장 맛있는 것을 사 오라고 시켰다. 그러자 아이는 혀를 사 왔다.

이틀쯤 지나서 라비는 다시 그 아이에게 오늘은 맛이 없어도 좋으니 싼 것을 사 오라고 시켰다.

아이는 또 혀를 사 왔다. 이상하게 생각한 라비가 그 이유를 물었다. "너는 맛있는 것을 사 오라고 했을 때도 혀를 사 오고, 맛없는 것을 사 오라고 했을 때도 혀를 사 왔는데 무슨 이유이냐?"

아이가 대답했다. "혀는 아주 좋으면 그보다 더 좋은 것이 없고, 나쁘면 그보다 더 나쁜 것이 없기 때문입니다."

며칠 후 가말리엘이 제자들을 위해 만찬을 준비했다. 준비한 음식은 부드럽게 요리된 혀와 딱딱하게 요리된 혀뿐이었다. 제자들은 부드러운 것만 골라 먹고 딱딱한 것은 남겼다. 그러자 가말리엘이 말했다.

"부드러운 혀는 골라 먹고 딱딱한 것은 남겼구나. 그래, 너희들의 혀도 다른 사람을 위해 부드러워지도록 하거라."

더 어떻게 할까?

라비 요하난은 "너희 거짓말하는 혀들아[사기꾼들아], 하나님이 너희에게 어떻게 하시겠느냐? 주님이 너희를 어떻게 벌하시겠느냐?"(시 120:3)라는 구절에 대해 이렇게 말한다.

"하느님은 혀를 보고 이렇게 말씀하셨다. '육체의 모든 기관은 똑바로 서 있는데 너는 옆으로 누워 있다. 너무 날뛰지 말고 가만히 있으라는 뜻이다. 육체의 모든 기관은 몸 밖에 있는데 너는 안에 있다. 잠자코 있으라는 뜻이다. 그뿐만이 아니라 나는 두 개의 벽이 너를 보호하도록 만들었다. 하나는 뼈로 된 이빨이며 다른 하나는 살로 된 입술이다. 안에서 꼼짝 말고 있으라는 뜻이다. 너희 거짓말하는 혀들아, 너희를 가만히 있게 하기 위해서 무얼 더 어떻게 하여야 한단 말이냐!"

혀는 멀리 있는 사람도 죽인다

"죽고 사는 것이 혀의 손[힘]에 달렸다."(잠 18:2)라는 말씀에 대해 라비 하니나는 이렇게 말한다.

"혀가 손이 있는가? 아니다, 혀는 손이 없다. 하지만 손으로 사람을 죽일 수 있는 것처럼 혀로도 사람을 죽일 수 있다. 그래서 '죽고 사는 것이 혀의 손에 달렸다.'고 말하는 것이다. '혀는 독이 묻은 화살'이라는 말이 있다.(렘 9:8) 화가 나는 것을 억제하지 못하면 손으로 옆에 있는 사람을 죽일 수도 있다. 하지만 혀는 화살처럼 멀리 있는 사람도 죽일 수 있다."

고마움을 잊지 마라

라비 벤 조마는 성전으로 올라가면서 계단에 수많은 장사꾼들이 여러 가지 물건을 펴 놓고 팔고 있는 것을 보며 이렇게 말하곤 했다.

"이 사람들이 모두 나를 위해서 이렇게 애를 쓰고 있구나.

최초의 인간인 아담은 자기가 먹을 빵을 만들기 위해 어느 정도의 일을 해야 했을까?

먼저 밭을 일구고, 씨를 뿌리고, 그것을 가꾸고, 거두어들이고, 갈아서 가루를 만들어 반죽을 하는 등 최소한 15단계의 과정을 거치지 않으면 안 되었으리라. 그러나 지금은 돈만 있으면 빵집에 가서 다른 사람이 만들어 놓은 빵을 얼마든지 사 올 수 있다. 옛날 같으면 혼자서 다 해야 했던 여러 가지 복잡하고 힘든 일을 다른 사람들과 나누어 하고 있다. 그러므로 빵을 먹을 때에는 다른 사람들에게 고마워하는 마음을 잊어서는 안 된다.

최초의 인간인 아담은 자기가 걸칠 옷을 만들기 위해 어느 정도의 일을 해야 했을까?

양을 키우고, 털을 깎고, 깎은 털을 손질하여 옷감을 짜고, 바느질을 하여 옷을 만들어 입기까지 대단히 많은 과정을 거치면서 일해야 했으리라. 그러나 지금은 돈만 있으면 아무 옷 가게에서나 옷을 사 입을 수 있다. 옛날 같으면 혼자서 다 해야 했던 여러 가지 복잡하고 힘든 일을 다른 사람들과 나누어 하고 있다. 그러므로 옷을 입을 때에도 다른 사람들에게 고마워하는 마음을 잊어서는 안 된다."

여인의 지혜

카르타게나는 주민 전체가 여자뿐인 성읍이었다. 하루는 마케도니아의 알렉산더 대왕이 그 성읍을 점령하려고 가까이 다가가고 있었다. 주민들은 대표를 뽑아 알렉산더에게 사신으로 보냈다. 그들이 알렉산더에게 말했다.

"대왕께서 우리를 공격해서 성읍을 정복하신다면 사람들은 대왕께서 여자들만 사는 성읍을 공격해서 점령했다고 비웃을 것입니다. 만약 대왕께서 성읍을 점령하지 못하신다면 사람들은 여자들만 사는 동네도 점령하지 못했다고 비웃을 것입니다. 그러니 대왕께서는 이겨도 비웃음을 사고 져도 비웃음을 사실 것입니다. 그러면 대왕께서는 얼굴을 들지 못하실 것입니다."

알렉산더는 이 말을 듣고 즉시 발길을 돌렸다. 알렉산더는 정복 여행을 끝내고 왕궁으로 돌아온 다음 성문에 이렇게 써 붙였다.

"나 마케도니아의 왕 알렉산더는 카르타게나의 여인들을 만나기 전까지는 진실로 어리석었노라. 나는 그 여인들에게서 지혜를 배웠노라."

מורה נבוכים

נצב פירושו כעדת אל בקרב אלהים

אלו הדיינין שדנו ואבדו דבריו ופדרשו את הסתום הה
פירוש שם טוב ‪·‬ ופירוש אפודי ‪·‬ ונשם
דאונ בית דין שקול עד השלישי באו
ה‫שמ‬פ‫נ בהה‬ על ה‫ד‬פ‫ס‬ת הראשונים
פירוש האלדי ‪ז'‬ ק‫ר‬שקש
מהרב מובן ה‫ח‬ם
‫ותבשולש לא‬
במוהרה
‫יתק‬

גם כותת כל פרק מפרקי המורה על דעת הרבם ההרריי
גם פירוש מלות וזות לאבן תבון בשני רבויים מן
והראשונים ‪:‬

גם כל פסוקי המורה ונכחלים וכזוברם אשר‪ עלי‬
אכרם כספר הפוורם נכדרל כפ‫ד‬ני עיס על
קדרם סכמנמס מהרב לך נמם
מוקדרם ומלוחר לף לא
כעדר ‪:‬

נדפם בסביוניטה תחת ממשלת האדון ויספיסיאן נונ‫א‬נגה
ולים ברוך קדש שבע שבע שלא ל‫פ‬ק‫ נביית חפשים וה‫א‬רביג‬
כ‫ל‬ור מטוב מ‫ה‬אם ‫ונו‬

על יד קורניליוו אדריל ק‫י‬נו לבית חלו

얼마큼 공경해야 하나?

제자들이 라비 엘리에제르에게 물었다.

"부모에게 어느 정도까지 순종하고 공경해야 하나요?"

엘리에제르가 대답했다.

"네티나가 자기 아버지 아슈켈톤에게 한 것만큼 하여야 한다. 그는 귀한 보석 몇 개를 가지고 있었다. 어느날 제사장들이 제사장 제복에 장식으로 쓰려고 그 보석을 사러 먼 길을 왔다. 그들은 큰 돈을 주겠다고 했다. 네티나는 계약에 합의하고 보석을 가지러 방으로 들어갔다. 그러나 그의 아버지 아슈켈톤이 보석함 열쇠를 베개 밑에 넣고 낮잠을 자고 있었다. 네티나는 아버지를 깨울 수가 없어서 빈손으로 나와서 제사장들에게 사정을 얘기하고 돌려보냈다.

다음 해에 하느님의 축복으로 네티나의 집에 붉은 송아지가 태어났다. 붉은 송아지는 아주 귀한 것으로, 부르는 게 값이었다. 전에 왔던 제사장들이 제단에 제물로 바치기 위해서 그 송아지를 사려고 왔다. 제사장들이 송아지 값으로 얼마를 주면 되겠냐고 묻자 네티나는 이렇게 대답했다.

'저는 제가 얼마를 요구하든지 그대로 주실 것이라는 것을 압니다. 하지만 그렇게 터무니없는 값을 부르지는 않겠습니다. 작년에 제가 보석을 팔지 못해서 받지 못한 금액만큼만 주십시오.'

제사장들은 기꺼이 돈을 지불하고 붉은 송아지를 끌고 갔다.

가난한 사람의 제물

아그립파 왕이 하루에 1000마리의 새를 제물로 드리기로 작정하고 제사장들에게 전갈을 보냈다.

"내가 오늘 새 1000마리를 제물로 드릴까 합니다. 그러니 다른 사람이 제물을 가지고 오면 내일 오라고 하고 돌려보내시오."

당직 제사장이 아그립파 왕의 제물을 바치고 있는 중에 어떤 가난한 사람이 새 두 마리를 가지고 왔다.

"이걸 제단에 바쳐 주십시오."

"안 됩니다. 왕께서 오늘은 다른 사람의 제물을 하나도 받지 말라고 명령하셨소."

가난한 사람이 애원했다.

"제사장님, 저는 하루에 새 네 마리를 잡아서 그 가운데 두 마리는 하느님께 바치고 나머지 두 마리는 팔아서 생계를 유지한답니다. 그러니 제사장님이 이 두 마리를 제물로 받아 주시지 않으면 저의 하루 삶의 반을 잘라 버리는 것이지요."

그 말을 듣고 제사장은 그가 가지고 온 새를 제물로 바쳐 주었다. 아그립파 왕은 잠간 눈을 붙이고 있는 동안 "가난한 사람의 제물이 너의 제물보다 먼저 바쳐진다."는 메시지를 들었다. 그는 즉시 사자를 제사장들에게 보냈다.

"내가 오늘은 다른 사람의 제물을 하나도 받지 말라고 명하지 않았는가! 그런데 왜 나의 말을 어기는가?"

당직 제사장은 가난한 사람이 새 두 마리를 가지고 와서 그걸 바쳐 주지 않으면 자기 삶의 반을 잘라 버리는 것이라고 하는데 그걸 물리칠

수가 없었다는 얘기를 사실대로 말했다. 그 이야기를 전해 들은 왕이
다시 전갈을 보냈다.

"그대가 옳은 일을 했소."

악의 충동

어떤 사람이 간음을 하기로 마음 먹으면 팔다리가 간음을 하기 위해
움직인다. 악을 행하고자 하는 충동이 온몸의 248개 기관을 다스리는
왕이기 때문이다. 어떤 사람이 종교적인 의무를 행하고자 하면 사지가
늘어져 말을 잘 듣지 않는다. 어머니 자궁에 있을 때부터 악에 대한 충
동이 그를 다스려 왔기 때문에 선을 행하고자 하는 충동이 힘을 쓰지
못하는 것이다. 그러나 끊임없는 노력을 통해 악을 행하고자 하는 충동
을 왕좌에서 몰아내고 신을 행하고자 하는 충동이 왕이 될 수도 있다.
성서에 나오는 "한 나라의 가난한 집안에서 태어나서 젊어서는 감옥살
이를 하다가도 임금 자리에 오를 수 있다."(전 4:14)는 말씀이 바로 그
이야기이다.

판단의 기준

어느날 라비 아바가 라비 아시에게 물었다.

"바빌로니아의 학자들은 왜 저렇게 사치스럽게 옷을 입고 다니는 걸
까요?"

아시가 대답했다.

"그들은 대단한 학자가 못 되기 때문에, 옷으로 사람을 위압하려는 것이오."

그때 옆에 있던 라비 요하난이 이렇게 말했다.

"나는 그렇게 생각하지 않습니다. 나는 저 사람들이 사치스럽게 옷을 입고 다니는 것은 저들이 딴 나라에서 왔기 때문이라고 생각합니다. 사람은 자기 동네에서는 평판에 따라 평가되지만 밖으로 나가면 의복으로 평가받지 않습니까?"

 억지로 하지 마라

체르므라는 산골 동네가 있었다. 그 동네에 이르는 길은 험한 바위 절벽으로 이어진 가늘고 꾸불꾸불하고 위험한 길이었다. 마을 사람이 툭하면 낭떠러지에서 떨어져 부상을 당했다. 생선을 공급하는 어부가 떨어져 생선을 배달할 수 없게 되었다. 또 우편 배달부가 절벽에서 발을 헛디뎌 중요한 편지를 잃어버렸다. 이윽고 우유 배달부가 갓 태어난 아기한테 먹일 우유를 절벽에서 엎질러 버리는 사건이 일어나자 마을의 장로들이 모여 대책을 의논했다. 이런 일이 계속된다면 마을 사람들의 삶이 계속 혼란스러울 것이 뻔하기 때문에 뭔가 대책을 세우지 않으면 안 되었다.

이런저런 많은 의견이 나왔다. 밤낮에 걸쳐 토론한 후 마을 사람들은 다음과 같은 결론에 도달했다.

"밖에서 마을로 들어오는 절벽 입구에 병원을 세운다."

이 이야기는 아무리 오랜 시간 토론해 봤자 애당초 답이 나올 수 없는 의논을 하는 것은 부질없는 짓이며, 안 되는 것은 억지를 부려도 안된다는 사실을 가르쳐 준다. 절벽 아래 입구에 병원을 만들어 봤자 생선 장수나 우편 배달부는 여전히 똑같은 실수를 거듭할 테니까.

잡초도 쓸모가 있다

농부가 정원에서 잡초를 뽑고 있었다. 허리를 굽히고 잡초를 뽑는 농부의 이마에서 땀방울이 뚝뚝 떨어졌다. 그는 혼잣말로 푸념을 했다.

"이 지긋지긋한 잡초만 없다면 정원이 깨끗해질 텐데, 어째서 신은 이렇게 쓸모없는 잡초를 만드셨지?"

그러자 이미 뽑혀서 정원 한구석에 누워 있던 잡초가 농부에게 대꾸했다.

"당신은 나를 지긋지긋한 존재라고 말하지만 나도 할 말이 있습니다. 당신은 모르고 있지만 우리도 당신들에게 도움을 주고 있답니다. 우리는 흙 속으로 넓게 뿌리를 뻗어서 흙을 부드럽게 해 주지요. 그리고 비가 올 때 흙이 떠내려 가는 것도 막아 주고 있지요. 건기에 흙이 바람에 날아가지 않도록 막고 있는 것도 우리들입니다. 그러니 우리가 당신의 정원을 지켜 온 셈입니다. 만약 우리가 없었다면, 꽃을 가꾸려고 해도 비에 흙이 쓸려 내려가고 바람에 날아가 버려서 그럴 수 없었을 것입니다. 그러니 꽃이 아름답게 피었을 때 우리의 수고를 기억해 주시기 바랍니다."

이 말을 들은 농부는 허리를 펴고 이마의 땀을 닦으며 미소 지었다. 그 뒤로 농부는 잡초를 지긋지긋하게 생각하지 않았다.

임금님에게 무남독녀 외동딸이 있었다. 그런데 그 공주가 알 수 없는 병에 걸렸다. 좋다는 약은 다 써 보았지만 효과가 없었다. 마지막으로 임금님은 공주의 병을 낫게 하는 사람을 사위로 맞겠다는 포고를 내렸다.

아주 먼 시골에 세 형제가 살고 있었는데, 맏형이 망원경으로 그 포고문을 보았다. 세 형제는 공주의 병을 낫게 할 방법을 상의했다.

둘째는 하늘을 나는 마술 융단을 갖고 있었고, 셋째는 먹으면 무슨 병이라도 낫는 마술 사과를 갖고 있었다. 그래서 세 사람은 마술 융단을 타고 왕궁으로 가서 공주에게 사과를 먹였다. 공주의 병은 씻은 듯이 나았다. 임금과 모든 신하들은 대단히 기뻐했다. 임금님은 약속대로 큰 잔치를 베풀면서 셋 중에 누가 공주와 결혼하여 왕위를 계승할 것이냐고 물었다.

그러자 첫째가 "나의 망원경이 없었다면 공주가 병이 난 사실도 몰랐을 것이다. 그러니 내가 공주의 남편감이다."라고 말했다. 둘째는 "나의 마술 융단이 없었다면 이렇게 먼 곳까지 도저히 올 수가 없었을 것이다. 그러니 내가 공주와 결혼해야 한다."고 말했다. 셋째는 "만약 나의 마술 사과가 없었다면 병은 낫지 않았을 것이다. 그러니 내가 공주와 결혼해야 된다."고 말했다.

이들 세 형제의 이야기를 듣고 있던 왕은 마술 사과를 가지고 있던 막내를 사윗감으로 택했다. 왜 그랬을까?

망원경을 가지고 있던 첫째는 망원경을 그대로 가지고 있으며, 마술 융단을 가지고 있던 둘째도 마술 융단을 그대로 가지고 있다. 그러나 셋째는 사과를 바쳐 버렸기 때문에 아무것도 가지고 있지 않다. 그는

자기의 모든 것을 바쳐서 공주를 구했다. 그러니 그가 공주와 결혼해야
하는 것이다.

생각 훈련 2

세 딸이 있었다. 세 딸은 모두 미인이었다. 그러나 저마다 한 가지씩
결함을 갖고 있었다. 첫째는 게으름뱅이였고, 둘째는 도벽이 있었으며,
막내는 다른 사람 험담하기를 좋아하는 수다쟁이였다.

멀리 떨어진 곳에 사는 어떤 부자가 자기에게 아들이 셋 있으니 그
딸들을 자기 아들들의 신부로 줄 수 없느냐고 물었다. 아버지는 그렇게
하고는 싶지만 자기 딸들이 결점이 있어서 염려된다고 사실대로 말했
다. 그러자 부자는 그런 것은 자기가 책임지고 고쳐 나가겠노라고 장담
했다. 그래서 세 자매는 그 집으로 시집을 갔다.

시아버지는 게으름뱅이 며느리를 위해서 많은 몸종을 붙여 주었다.
도벽이 있는 둘째 며느리를 위해서는 큰 창고의 열쇠를 넘겨 주며 무엇
이든지 갖고 싶은 것이 있으면 맘대로 가지라고 했다. 그리고 험담을
좋아하는 막내 며느리에게는 아침마다 오늘은 누구를 헐뜯고 싶으냐고
물으면서 마음대로 헐뜯으라고 했다.

어느날 친정 아버지가 딸들의 결혼 생활이 궁금하여 사돈 댁으로 갔
다. 맏딸은 실컷 게으름을 피우며 살 수 있어서 얼마나 좋은지 모른다
고 했다. 둘째 딸은 갖고 싶은 것은 다 가질 수 있어서 더 이상 원이 없
다고 했다. 그런데 셋째 딸은 시아버지가 자기의 남녀 관계에 대해 의
심을 하고 몰아 세우므로 괴로워 죽을 지경이라고 했다.

하지만 아버지는 셋째 딸의 말은 믿지 않았다. 왜 믿지 않았을까?
셋째 딸은 시아버지까지 헐뜯고 있었기 때문이다.

생각 훈련 3

먼 시골에 사는 어떤 사람이 아들을 예루살렘에 있는 학교에 입학시
켰다. 아들이 예루살렘에서 공부하고 있는 사이에 아버지는 병이 들었
다. 아버지는 죽기 전에 아들을 만날 수 없으리라 생각하고 종이 보는
앞에서 다음과 같이 유서를 썼다.

"전 재산을 아무개 종에게 줄 것. 단 아들에게는 그 가운데서 그가
바라는 것 하나만 줄 것."

그는 죽으면서 유서를 종에게 맡기면서 아들이 돌아오면 전하라고
했다. 아들은 아버지가 돌아가셨다는 전갈을 받고 급히 집으로 돌아왔
다. 장례가 끝나자 아들은 아버지의 유서를 놓고 고민했다. 하다 못한
아들은 라비를 찾아가서 상황을 설명하고 불평을 털어 놓았다.

"아버지께서는 어째서 저에게 재산을 남기지 않았을까요? 저는 아버
지를 실망시킨 일이 한 번도 없었는데요. 아버지께서는 저를 사랑하지
않으셨나 봐요."

라비가 대답했다.

"아니라네. 자네 아버님은 자네를 진심으로 사랑하셨다네. 그리고
자네 아버님은 대단히 지혜로운 분이시기도 하고. 자네는 아버님이 남
기신 유서를 보고도 그걸 모르겠나?"

"종에게 전 재산을 주고 저에게는 한 가지만 가지라고 했는데, 이게

어찌 저를 사랑하는 처사입니까?"

"마음을 가라앉히고 잘 생각해 보게. 그러면 아버님이 자네에게 훌륭한 유산을 남기셨다는 것을 알게 될 걸세."

라비는 말을 이었다.

"자네 아버님은 당신이 죽을 때 자네가 옆에 없으므로 종이 모든 재산을 갖고 도망치거나, 아버님의 죽음을 자네에게 알리지 않고 재산을 다 써 버릴지 모른다고 생각하고 모든 재산을 종에게 주었다네. 재산을 전부 주면 그는 기뻐서 얼른 자네에게 아버님의 죽음을 알릴 것이고 재산도 소중히 간수해 둘 것이라고 생각하신 거지."

"그것이 제게 무슨 소용이 있습니까?"

"젊은이는 여전히 지혜가 모라자는군. 자네는 종의 재산은 전부 주인에게 속한다는 것을 모르는가? 자네 아버지는 자네가 원하는 것 하나는 주신다고 하시지 않았나. 그러니 자네는 아무개 종을 갖겠다고 하게. 그러면 그것으로 아버님의 전 재산을 물려받는 것이 되지 않겠나."

젊은이는 그제서야 아버지가 남긴 유서의 뜻을 깨닫고 그대로 시행했다. 그리고 뒤에 그 종을 자유인으로 해방시켜 주었다.

생각 훈련 4

만약 머리가 둘인 아이가 태어났다면, 이 아기를 두 사람으로 보아야 하는가, 아니면 한 사람으로 보아야 하는가?

이 질문은 터무니없는 것으로 보인다. 하지만 유대인은 아이가 태어나서 한 달이 되면 회당에 데리고 가서 라비의 축복을 받는다. 이때 머리가 두 개 있으면 축복을 두 번 받아야 하는가, 그렇지 않으면 몸이 하나이므로 축복은 한 번으로 족한가? 또 기도할 때에는 작은 주발을 머리에 얹는데, 한 사람이므로 주발은 한 개만 얹으면 되는가, 아니면 두 개의 머리에 각각 주발을 얹어야 되는가?

이런 문제에 대해 제시된 견해 가운데 다음과 같은 것이 있다.

"한쪽 머리에 뜨거운 물을 부어 다른 쪽 머리가 뜨겁다고 비명을 지르면 한 사람이고, 다른 쪽 머리가 아무렇지도 않은 듯이 가만히 있으면 두 사람이다."

형제의 사랑

예루살렘 근처 시골에 두 형제가 살고 있었다. 형은 결혼하여 아내와 아이들이 있었고, 동생은 아직 혼자였다. 아버지는 죽으면서 형제에게 똑같이 땅을 나누어 주었다. 두 사람은 부지런히 농사를 지었다. 그리하여 수확한 과일이나 옥수수를 서로 자기의 곳간에 간수했다.

동생은 형님은 형수와 아이들이 있어 사는 것이 어려우니 자기 것을 나누어 주자고 생각하고 밤에 몰래 형님의 곳간에 옥수수 자루를 몇 개 갖다 놓았다. 형은 형대로 동생은 처자가 없으니 노후 문제를 대비하여 준비하지 않으면 안 된다고 생각하고, 역시 밤에 몰래 옥수수 자루 몇 개를 동생의 곳간으로 옮겨 놓았다.

아침이 되어 형제가 자기 곳간에 가 보니 어제와 똑같은 양의 옥수수 자루가 쌓여 있었다. 다음날 밤도 그 다음날 밤도 똑같은 일이 되풀이되었다. 그러다 어느날 밤 형제가 서로 상대방의 곳간으로 옥수수 자루를 나르다가 중간에서 마주치고 말았다. 형은 동생이 자기를 얼마나 생각해 주고 있는지, 또 동생은 형이 자기를 얼마나 사랑하고 있는지를 깨닫고 옥수수 자루를 내던지고 부둥켜 안고 울었다.

이 두 사람이 부둥켜 안고 운 곳은 지금도 예루살렘 근처에서 가장 고귀한 장소 가운데 하나로 전해지고 있다.

생명은 공평하다

어떤 라비의 친구가 중병에 걸렸다. 구하기 힘든 귀한 약을 쓰지 않으면 살아날 수 없는 지경에 이르렀다. 그런데 그 약은 양이 매우 작았고, 그나마 그 약을 구하려고 미리 신청해 놓은 사람들이 줄을 서 있었다.

중병에 걸린 사람의 가족이 라비를 찾아 와서, 당신은 훌륭하고 높은 사람을 많이 알고 있으니 어떻게든 그 약을 구해 줄 수 없겠느냐고 부탁했다. 라비는 그 약을 취급하는 의사를 찾아가서 사정을 말했다. 의사는 이렇게 대답했다.

"만약 그 약을 당신 친구에게 주면 다른 사람이 그 약을 구하지 못하게 됩니다. 그러면 약을 구하지 못한 그 사람은 죽을지도 모릅니다. 그렇게 해서라도 기어코 약을 부탁하시겠습니까?"

라비들은 이런 문제에 대해 "자기 목숨을 구하기 위해 다른 사람을 죽여서는 안 된다. 자기 피가 다른 사람 피보다 붉다고 말할 수 있는가? 어떤 사람의 피도 다른 사람의 피보다 붉다고 말할 수 없다."고 가르친다.

라비는 결국 친구 가족의 부탁을 들어 주지 못했고, 친구는 얼마 지나지 않아서 죽었다.

작은 일의 가치

어떤 사람이 작은 배를 갖고 있었다. 그는 여름이면 그 배에 가족을 태우고 호수로 나가 물고기를 낚으면서 즐거운 시간을 보냈다.

여름이 지나, 배를 창고에 보관하려고 뭍으로 끌어 올렸을 때 배 바닥에 작은 구멍이 나 있는 것을 발견했다. 구멍은 아주 작았다. 그래서 그는 내년 여름에 다시 사용하기 전에 잠깐 손보면 되리라고 생각하고 그대로 창고에 넣어 두었다. 겨울에 그는 페인트공을 불러 배에 색칠을 다시 했다.

다음해 여름이 찾아왔다. 그의 두 아들이 배를 타고 호수로 나가 놀다 오겠다고 했다. 그는 배에 구멍이 뚫려 있던 것을 까맣게 잊어버리고, 아이들이 호수에 배를 띄우는 것을 허락했다.

두 시간쯤 지난 뒤, 순간적으로 배에 구멍이 뚫려 있었다는 기억이 되살아났다. 아이들은 수영도 잘 못했다. 그는 당황하여 사람들에게 도움으로 받으려고 뛰쳐나가다가, 뱃놀이를 끝내고 노래를 부르면서 돌아오는 두 아이와 마주쳤다. 그는 두 아이를 끌어안고 배를 살펴보았다. 그는 누군가가 배의 구멍을 막아 놓은 것을 발견했다. 그 배를 만진 사람은 페인트공밖에 없었다. 페인트공이 칠을 하다가 구멍을 막아 놓은 것이 분명했다.

그는 선물을 갖고 페인트공을 찾아갔다. 그러자 페인트공은 "배를 칠한 삯은 이미 받았는데 이런 선물은 왜 주십니까?"라며 의아해했다. 그러자 그는 이렇게 말했다.

"배에 구멍이 뚫린 것을 당신이 막아 놓으시지 않았습니까? 나도 물론 올 여름에 배를 다시 사용하기 전에 그 구멍을 막으려고 생각했지만 그것을 까맣게 잊고 있었습니다. 당신은 구멍을 막아 달라는 부탁도 받지 않았는데 그것을 고쳐 주었습니다. 당신은 몇 분 동안 하지 않아도 될 일을 했지만, 그 덕택에 우리 아이들의 생명을 건졌습니다."

이처럼 나에게는 별것 아닌 작은 일일지라도 어떤 사람에게는 엄청나게 중요하고 큰 일로 작용할 수 있다.

늙은 라비의 눈물

매우 훌륭한 라비가 한 명 있었다. 그는 사람들의 존경을 한 몸에 받고 있었다. 그는 마음이 자상하면서 하느님에 대한 공경도 대단했다. 길을 걸을 때에는 개미 한 마리라도 밟지 않으려고 잘 살피면서 걸었고, 물건을 다룰 때도 하느님이 만든 물건을 깨거나 부수지 않기 위해 조심했다. 물론 가까이서 모시고 있는 제자들도 그를 대단히 존경했다.

이제 그도 나이가 들어 죽을 날이 가까워졌다. 라비도 자기가 죽을 날이 멀지 않았다는 것을 깨닫고 있었다.

어느날 제자들이 머리맡에 모여 있을 때, 그는 한탄스럽게 울기 시작했다.

"선생님, 왜 우십니까? 선생님께서는 하루도 토라 연구를 게을리하지 않으셨고, 하루라도 준비 없이 가르치신 적이 없습니다. 선생님께서는 이 나라에서 가장 존경받는 라비이십니다. 게다가 선생님께서는 권모술수가 판을 치는 더러운 세상에는 한 번도 발을 들여 놓은 일이 없지 않습니까? 선생님께서 우실 이유는 아무것도 없습니다."

그러자 라비는 이렇게 말했다.

"그래서 우는 것이다. 나는 죽는 순간에 '너는 토라를 열심히 공부했는가? 하느님께 열심히 기도했는가? 자선을 베풀었는가? 올바른 행동을 했는가?'라고 물으면 자신 있게 '예'라고 대답할 수 있다. 그러나 '보통 사람들의 일반적인 삶에 어울려 본 일이 있는가?'라고 물으면 '아니오'라고밖에는 대답할 수가 없다. 그래서 우는 것이다."

행한 대로 받는다

예루살렘 근처에 큰 과수원을 경영하는 농부가 있었다. 그는 늘 아낌없이 자선을 베푸는 자비로운 사람이라고 칭송받고 있었다. 라비들은 해마다 그의 집을 방문했는데, 그는 그때마다 라비들을 융숭하게 대접하고 돌아갈 때에는 헌금도 넉넉히 쥐어 보냈다.

어느해 폭풍우로 과수원이 몽땅 망가지고 전염병까지 퍼지는 바람에 키우던 가축마저 모두 죽었다. 이것을 본 채권자들이 그에게 몰려가 재산을 전부 차압했다. 그에게는 조그만 땅밖에 남지 않았다. 그러나 그는 "하느님이 주시고 하느님이 다시 거둬 가신 것이니 할 수 없지 않은가." 하며 아무도 원망하지 않았다.

늘 그랬던 것처럼 그 해에도 라비들이 찾아 왔다. 라비들은 어려운 처지에 빠진 그를 동정하며 위로했다. 농장 주인의 아내가 남편에게 말했다.

"우리는 한 해도 거르지 않고 학교를 세우거나, 예배소를 유지하거나, 가난한 사람이나 노인을 돌보시라고 라비들에게 헌금을 했는데 올해에는 아무것도 드리지 못한다면 부끄러운 일입니다."

부부는 라비들이 빈손으로 돌아가게 할 수는 없다고 생각했다. 그래서 남아 있는 땅의 반을 팔아 그것을 라비들에게 헌금하고, 남은 땅을 더욱 열심히 갈아 부족한 것을 메우리라 생각했다. 뜻밖의 헌금을 받은 라비들은 매우 놀랐다.

이들 부부가 반만 남은 땅을 일구는데, 쟁기를 끌던 소가 밭 옆에 있는 진흙탕 구덩이에 빠졌다. 두 부부는 끌고 밀고 하면서 진흙탕 속에서 소를 끌어 내려고 애를 썼다. 그러다가 소의 발 밑에서 보물을 발견했다. 그들은 그 보물을 팔아서 옛날보다 더 큰 농장을 경영할 수 있게 되었다.

이듬해 다시 라비들이 찾아 왔다. 라비들은 아직도 그 농부가 가난한 생활을 계속하고 있을 것이라고 생각하고, 옛날의 조그만 땅으로 찾아 갔다. 그러나 그들은 거기에 없었다. 라비들은 이웃 사람들에게 물어 그들이 이사 가서 살고 있는 집을 찾았다. 농부 부부는 자기들에게 일어난 일을 말하면서, 더욱 성심껏 라비들을 대접했다.

하늘을 나는 말

어떤 사람이 왕의 노여움을 사서 사형 선고를 받았다. 그 사람은 살려 달라고 왕에게 다음과 같은 탄원서를 올렸다.

"저에게 1년의 여유를 주신다면, 왕께서 가장 아끼는 말에게 하늘을 나는 법을 가르치겠습니다. 1년이 지나도 말이 날지 못하면 그때에는 사형을 달게 받겠습니다."

이 탄원이 받아들여지자 동료 죄수들이 빈정거렸다.

"저놈 미친 놈 아니야? 말을 어떻게 날게 만든다는 거야?"

그러자 그 사람은 이렇게 말했다.

"1년이 지나기 전에 왕이 죽을 수도 있고 내가 죽을 수도 있지. 또 그 말이 죽을 수도 있고. 아니면 1년 안에 왕의 노여움이 풀어질지 누가 알겠는가? 1년 후엔 실제로 말이 날 수 있을지도 모르고. 내일 일도 모르는데 1년 후의 일을 어떻게 알겠는가?"

이것은 어떤 상황에서도 포기하지 말고 희망을 가져야 한다는 것을 가르치기 위해 라비들이 만든 이야기이다.

인생의 비결

장사꾼이 거리에서 "인생의 비결을 살 사람 없습니까?"라고 외치고 있었다. 온 동네 사람이 인생의 비결을 사려고 모여들었다. 그 가운데에는 라비도 몇 사람 끼어 있었다. 모여든 사람들이 서로 "내가 사겠다!"고 법석을 떨었다. 그러자 장사꾼은 이렇게 말했다.

"인생을 참되게 사는 비결은 자기 혀를 조심해서 쓰는 것이오."

혼자 가는 것이 두려워서

어떤 라비가 제자들에게 이런 질문을 받았다.

"하느님은 왜 경건한 사람이 나쁜 짓 하는 사람을 옳은 길로 인도하도록 이끄시지 않습니까?"

라비가 반문했다.

"우리는 옳은 일을 행하고 바르게 살도록 늘 다른 사람들에게 권하고 있지 않느냐?"

제자들이 불평 섞인 어조로 투덜거렸다.

"그러나 악한 사람이 다른 사람을 악한 길로 이끄는 것에 비하면 우리가 하는 일은 힘과 영향력이 너무 없습니다. 그들은 다른 사람을 자기들 패거리에 끌어들이기 위해서 우리보다 훨씬 더 열심을 냅니다."

라비가 빙긋이 웃으면서 대답했다.

"바른 길을 가는 사람은 혼자 걷기를 두려워하지 않는다. 그러나 악한 일을 하고 있는 사람은 혼자 가는 것을 두려워하기 때문에 그러는 것이란다."

족보 있는 여우

한 번은 가문이 좋은 여우와 출신이 천한 여우가 길에서 마주쳤다. 도대체 가문이 좋은 여우가 어디 있고 출신이 천한 여우가 어디 있느냐고 의아스러워해서는 안 된다. 사람도 혈통이 좋은 사람과 출신이 좋지 않은 사람이 있다고 하지 않던가?

족보 있는 집 여우의 새끼가 출신이 변변치 못한 다른 여우에게 자기 가문 자랑을 늘어놓았다. 그러자 출신이 변변치 못한 여우가 대꾸했다.

"너희 가문은 너로 끝나지만, 우리 집은 나로 시작한다."

משל הקדמוני

שם ינוח : וקן הימים לשבי יחסר : יבקש קרבנה וטוב סוחר : ניק עץ
הקיה והפדין : יבעו וירכבו בחרוס הך ליון : זה פתרון חידת
המחבר ומשלו : הן הרהנו את כבודו דעת גדלו : ועתה מי
יוכל לענותו ומי ידיבנו : ומי יוכל לדין את שתקיף ממנו : ועל כן
ידי למופי שמתי : על כן דממם ובסמתי :

וישבתו שלבת המקש' מעבות את המחבר : כי עז מיליהס ומעניהם
שיבר : ויתחזק לנגדם כחיכוחיו ומטליו נירֵאו חנגם קלֵיו : ויעמוד
על עמדו הרביעי : ותמים לפרקו למטעי : וירבב על המחבר ועפו
ובשלבה רציו סרה אפו : על קאו לא חבקו מענה : למכות עליו מקנה
ויאמר ההכן בדברים : כקֵארב חסירים : ואודיעגֵ מטֵלי וסֵידותי :
ודעק שפתי : ויואל להעמיק שפה ולהרבות מלה : כאשר כתחילה :

צורת המקשה והמחבר
זה אל זה ידבר ·

השער

겉모양으로 판단하지 마라

가난한 두 젊은 학자가 훌륭한 스승을 찾아 이 마을 저 마을을 떠돌며 여행하고 있었다. 어느날 저녁 한 동네에 도착한 그들은 먼저 부잣집 문을 두드리고 하룻밤 재워 달라고 부탁했다. 주인은 그들의 형편없는 옷차림을 훑어보더니 거절했다. 두 사람은 그날 밤 그 마을의 가난한 라비의 집에서 하루를 묵고 다른 마을로 길을 떠났다.

10년의 세월이 지났다. 그 두 사람은 아주 이름 높은 학자가 되었다. 두 사람은 또다시 함께 여행을 하다가 예전의 그 동네를 다시 찾았다. 10년 전에 하룻밤 신세를 졌던 라비를 찾아가 감사의 인사도 드릴 겸, 이번에도 그 집에서 묵으려고 가는 도중에 부자를 만났다. 부자는 두 사람이 타고 있는 말과 그들이 입고 있는 옷이 훌륭한 것을 보고 이름 높은 학자라는 것을 금방 알아차렸다. 그래서 자기 집에서 묵으시라고 두 사람을 초청했다. 그러나 이번에는 두 사람이 거절했다. 부자는 자기 집이 동네에서 가장 크고 좋으며, 마을에 귀한 손님이 오면 모두 자기 집에서 머물다 간다고 말했다. 두 사람이 말했다.

"그러면 말씀이 고마우니 이 말을 묵게 해 주시지요."

"말이라고요? 두 분께서는 어째서 저희 집에서 묵으려 하지 않으시나요?"

"실은 우리 둘은 10년 전 가난하고 명성도 없었을 적에 이 동네에 이르러 댁의 집 문을 두드렸다가 거절당한 일이 있었지요. 그때는 우리의 옷차림이 남루해서 당신이 거절했지요. 지금은 우리의 옷과 말이 훌륭해 보이기 때문에 초청하는 것이구요. 그러니 당신은 우리를 초청하는 것이 아니라 우리의 옷과 말을 초청하는 것이 아니겠습니까? 그러니 이 말 두 마리를 하룻밤 묵게 해 달라는 것이지요."

표정은 밀고자다

어느 군사령관에게 전령이 달려와서 중요한 요새를 적에게 빼앗겼다고 보고했다. 사령관의 얼굴에 당황하는 기색이 역력했다. 그때 사령관의 아내가 그를 안으로 불러 말했다.

"저는 당신보다 더 나쁜 일을 당했어요."

사령관이 놀라서 물었다.

"아니, 무슨 일을 당했단 말이오!"

"저는 당신의 표정에서 당신이 낭패한 것을 읽었습니다. 요새는 잃어도 다시 되찾을 수 있습니다. 그러나 용기를 잃는 일은 당신의 군대를 전부 잃는 것보다 더 나쁜 일입니다."

동물원에 간다고 동물이 되는 것은 아니다

어느 마을에 겉으로는 경건한 신자인 척하면서도 뒤로는 못된 행위를 일삼는 사람이 있었다. 하루는 라비가 그를 불러 그렇게 하지 말라고 타일렀다. 그러자 그 남자는 이렇게 말했다.

"선생님, 저는 정해진 날에 예배소에서 꼬박꼬박 예배를 드리는 경건한 신자입니다."

라비가 말했다.

"그대가 매일 동물원에 간다고 해서 동물이 되는 것은 아니겠지?"

126

칭찬으로부터의 자유

현자라고 소문난 라비 슈멜케가 어느 읍의 지도자가 되어 달라는 요청을 받았다. 그는 읍에 도착하여 여관에 들어가더니 방에 틀어박혀 몇 시간이 지나도록 나오지 않았다. 환영회 시간도 다가오고 몇 가지 의논할 일도 있고 해서 읍의 대표가 슈멜케를 찾았다. 문 앞에 도착한 그는 라비 슈멜케가 방 안을 빙빙 돌면서 뭐라고 중얼거리고 있는 소리를 들었다.

"라비 슈멜케, 당신은 정말 훌륭한 분입니다!"

"라비 슈멜케, 당신은 정말 최고의 천재이십니다!"

"라비 슈멜케, 당신이야말로 최고의 지도자이십니다!"

슈멜케가 혼자 중얼거리는 이 소리를 밖에서 듣고 있던 읍의 대표는 의아했다. 그는 한참을 듣고 있다가 방문을 두드리고 안으로 들어갔다. 그리고 왜 그런 기묘한 행동을 하고 있는지를 물었다. 라비가 대답했다.

"나는 누가 나를 비난하는 말이나 칭찬하는 말에 약하다는 것을 잘 알고 있습니다. 그런데 오늘 밤에는 주민들이 모두 최상급의 말로 나를 치켜 세우지 않겠소? 그런 말을 들어도 마음이 흔들리지 않기 위해서 지금 듣는 연습을 하는 중이라오."

여자의 질투

라비들이 여자의 질투에 관해 토론하고 있었다. 대부분의 라비들은 모든 여자는 질투심을 가지고 있다는 견해를 말했다. 그때 한 라비가 의문을 제기했다.

"그러면 이브도 질투를 했을까요? 여자는 자기 혼자뿐이었는데 누구에게 질투심을 품을 수 있었겠습니까?"

갑론을박하는 토론이 오래 계속되었다. 그러다가 한 라비가 이렇게 말했다.

"이브가 아담을 사랑했다면 그도 분명히 질투를 했을 것이다. 질투가 따르지 않는 사랑은 없기 때문이다. 아마 이브는 아담이 밖에서 돌아오면 언제나 아담의 갈비뼈 숫자를 세어 보았을 것이다."

이론과 실제

교사가 학생들에게 수학을 가르치고 있었다. 그는 학생들에게 '1/2 더하기 1/2은 몇이냐?' 하고 물었다. 한 학생이 손을 번쩍 들더니 '선생님, 1/2입니다.' 하고 대답했다. 선생님은 답답하다는 듯이 말했다.

"1/2에 1/2을 더하면 어째서 1/2이 되느냐? 절반에 절반을 더하면 몇이 되느냐? 다시 한 번 해 보렴."

학생은 한참 계산하더니 다시 대답했다.

"아무리 해도 1/2인데요."

선생님은 그 학생을 앞으로 불러 냈다.

"자, 선생님 앞에서 한 번 계산해 볼래?"

학생은 종이 위에 '1/2＋1/2＝1/2'이라고 썼다.

선생님이 어째서 그런 계산이 나왔는지 묻자 학생이 대답했다.

"위에 있는 1과 1을 더하면 2이고 아래에 있는 2와 2를 더하면 4가 되어 2/4가 되는데, 이것을 둘로 나누면 1/2이 됩니다."

참을성이 많은 선생님은 이번에는 사과를 가져다가 둘로 쪼갠 다음 "여기 반 쪽짜리 사과 두 개가 있는데 이것을 합치면 몇 개가 되지?" 하고 물었다. 학생은 잠시도 머뭇거리지 않고 "한 개요."라고 대답했다. 선생님은 이제는 알아들었겠지 하는 심정으로 말했다.

"자, 이제 $1/2+1/2=1$이라는 것을 알았지?"

그러자 학생은 다시 종이에다 '$1/2+1/2=1/2$' 이라고 쓰더니 머리를 갸우뚱거리며 말했다.

"이상하네요. 실제로는 반과 반을 합치면 하나가 되는데 종이에 계산하면 왜 $1/2$이 되는 거지요?"

이것은 이론과 실제가 얼마나 다른지를 가르쳐 주기 위해 만든 이야기이다.

시험을 받을 때

하느님은 의로운 사람을 시험하신다. 라비 요나단은 이렇게 말한다.

"도자기를 만드는 사람은 깨진 도자기를 두들기며 시험하지 않는다. 그러나 훌륭한 도자기가 만들어졌을 때는 손가락으로 여기저기 두들겨 가면서 시험해 본다. 하느님께서도 쓸모 없는 악한 사람은 시험하지 않으신다. 의롭고 쓸모 있는 사람만 시험하신다."

라비 벤 하나니는 이렇게 말한다.

"마로 짠 옷감을 파는 사람은 만일 그것이 촘촘히 잘 짜인 거라면 계속 두들겨 댄다. 마로 짠 옷감은 두들기면 두들길수록 윤이 나고 부드러워지기 때문이다. 그러나 허술하게 짜인 옷감은 두들기지 않는다. 그걸 두들기면 걸레처럼 해져 버리고 말기 때문이다. 그래서 하느님께서는 의로운 사람만이 시련과 맞부딪치게 하시는 것이다."

라비 엘리아자르는 이렇게 말한다.

"만일 어떤 사람에게 약한 소와 강한 소가 있다면 어떤 소에게 쟁기를 메워 밭을 갈겠는가? 당연히 강한 소이다. 그러기에 하느님께서는 의로운 사람에게 무거운 짐을 지우시는 것이다."

 내일 일은 내일에 맡겨라

어떤 사람이 친구에게 100만 원을 꾸었다. 기한이 되어서 내일 아침까지는 어떻게 해서든지 그 돈을 갚지 않으면 안 되었다. 그러나 수중에는 100만 원은 고사하고 만 원도 없었다. 그는 잠을 이루지 못하고 이불 속에서 뒤척이며 고민했다. 그러다가 일어나서 방 안에서 이리저리 서성거리며 무슨 좋은 수가 없을까 궁리를 했다.

"아니 당신 주무시지 않고 뭐 하시는 거예요?"

그의 아내가 잠에 취한 목소리로 물었다. 남자는 내일 아침까지 친구에게 100만 원을 갚아야 하는데 돈이 한 푼도 없어서 고민하고 있다고 말했다. 그랬더니 아내가 말했다.

"당신 참 바보군요. 그 일이라면 오늘 밤잠을 이루지 못하고 서성거릴 사람은 당신이 아니라 당신의 친구 아니겠어요?"

뜨거운 기도

라비 코레차는 이렇게 말한다.

"금과 은은 열이 가해짐으로써 순수하게 된다. 만일 기도를 하는데도 진보가 없다면 그것은 그대가 값싼 쇠붙이로 만들어졌거나 아니면 기도에 열이 부족하거나 둘 가운데 하나이다. 그런데 사람은 누구나 금과 은이다. 그러므로 아무리 기도해도 효과가 없으면 더욱 열심히 기도하라."

마음의 힘과 두뇌의 힘

어떤 라비가 제자 하나를 저녁 식사에 초대했다. 라비가 제자에게 말했다.

"그대가 포도수와 빵을 먹기 전에 드리는 기도를 드리게."

그런데 그 제자는 기도문의 처음 몇 줄밖에 외우지 못했다. 다른 기도문에 대해서도 모두 그랬고, 지금까지 가르친 것도 거의 외우지 못했다. 라비는 그 제자를 나무랐다. 제자는 식사도 제대로 하지 못하고 고개를 푹 숙인 채 돌아갔다.

며칠이 지난 어느날, 라비는 그 제자가 아픈 사람이 있으면 그 집에 가서 일을 거들어 주고 가난한 사람이 있으면 스스로 일해서 번 돈을 몽땅 건네 주는 등 많은 선행을 하는 선량한 청년이라는 사실을 알았다. 라비는 부끄러웠다. 그날 라비는 제자들을 모아 놓고 이렇게 말했다.

"마음에 품고 있는 것은 즉시 행위로 나타난다. 그러나 머리 속에 있는 것은, 아무리 많이 알고 있다고 하더라도 마음의 밭을 갈지 않으면

행위로 나타나지 않는다. 아무 힘도 없는 생각으로 남아 있을 뿐이다. 그러므로 그대들은 마음의 밭을 열심히 갈도록 하라."

최고의 지혜

어떤 경건한 사람이 라비에게 말했다.

"저는 평생 하느님의 뜻대로 살기 위해서 제 힘이 미치는 범위 안에서 최선을 다해 노력했습니다. 그러나 돌이켜 보면 저는 아무런 발전도 하지 못했습니다. 저는 예나 지금이나 쓸모없는 무지한 사람이지요."

이 말을 들은 라비는 크게 기뻐했다.

"그대에게 하느님의 축복이 1천 배나 임하시기를! 그대는 옛날과 다름없이 쓸모없는 무지한 사람이라고 했소. 그러나 그대는 무지한 사람이 아니오. 그대는 최고의 지혜를 얻었소. 이 세상에서 겸허함보다 더 뛰어난 지혜는 없답니다."

천사를 만나려면

어느 마을에 인품이 온화한 라비가 예배당을 지키며 살고 있었다. 그의 아들 역시 아버지를 닮아서 경건하고 정직했다. 한 번은 아들이 아버지에게 "성서에 나오는 위대한 인물들은 천사들을 만나곤 했는데, 저도 천사들을 만나 보고 싶습니다."라고 말했다. 아버지는 "네가 만약 경건하고 바르게 산다면 만날 수 있게 해 주지." 하고 조건을 붙여 약속했다.

그날 이후 아들은 더욱 열심히 경건한 생활을 했다. 한 달, 두 달, 그리고 반 년이 지났다. 그러나 아버지는 천사에 관해서 아무 말씀이 없었다. 아들이 까닭을 물으면 "인내력을 갖고 기다려 보거라."라는 말씀뿐이었다. "아침에 바른 행위를 했다고 해서 저녁에 모세나 엘리야를 만날 수 있는 것은 아니지 않겠니?"

아들은 천사를 만날 수 있기를 매일매일 기다리고 기다렸다. 1년이 지난 어느날 누더기를 입은 거지가 예배당에 찾아왔다. 그는 하룻밤만 재워 달라고 부탁했다. 아들은 여기는 여관도 아니고 식당도 아닌 예배당이라고 하면서 그 요청을 거절했다.

그날 밤 라비가 아들에게 물었다.

"오늘은 어땠니?"

아들은 거지가 찾아왔던 일과 그들 돌려보낸 일을 사실대로 말씀드렸다. 그러자 라비는 탄식하며 말했다.

"어허, 그가 네가 그렇게도 기다리던 천사였는데 그를 쫓아 버렸단 말이냐?"

아들은 당황했다.

"아버지, 저는 오늘 있었던 일을 평생 후회하면서 지내야만 하나요? 어떻게 달리 돌이킬 방법이 없을까요?"

"아니다. 그는 또 올 게다. 언제 어떤 모습으로 올지는 알 수 없지만 말이다."

천국이 따로 없다

어떤 가난한 사내가 라비를 찾아와서 하소연을 했다.

"선생님, 저의 집은 비좁은 데다가 아이들은 주렁주렁 매달려 있고, 마누라로 말하자면 세상에 이런 악처는 없을 겁니다. 날이면 날마다 바가지를 긁으며 불평을 합니다. 도저히 참을 수가 없습니다. 어떻게 하면 좋죠?"

그 사내는 은근히 이혼을 허락한다는 라비의 대답을 기대하고 있었다. 라비가 말했다.

"자네 집에 염소가 있나?"

"물론입죠. 유대인치고 염소 없는 사람이 어디 있겠습니까?"

"그러면 염소를 집 안에 넣어 기르도록 하게."

그 사내는 야릇한 표정을 지으며 돌아갔다. 그러나 그는 다음날 다시 찾아왔다.

"선생님, 미치겠습니다. 못된 여편네에다가 이제는 염소까지라니 더이상 참을 수가 없습니다."

라비가 물었다.

"자네 집에 닭이 있는가?"

"물론이지요. 닭 몇 마리 치지 않는 집이 있을라구요."

"그러면 닭을 모두 집 안에 넣어 기르도록 하게."

그 사내는 이튿날 또 찾아왔다.

"선생님, 이젠 끝장입니다."

"그렇게도 어려운가? 그렇다면 염소와 닭을 밖으로 내보내고 내일 다시 오게."

이튿날 그 가난한 사내가 싱글벙글 웃으며 라비를 찾아왔다. 혈색도 좋고 얼굴도 환하게 빛이 났다.

"선생님, 염소와 닭을 내보냈습니다. 이제 저의 집은 천국이 되었습니다. 저의 집을 천국으로 만들어 주셔서 정말 고맙습니다. 선생님께 1천 배의 축복이 내리시길 바랍니다."

자네는 아직 멀었네

어느날 젊고 뛰어난 학생 하나가 라비를 찾아갔다. 그리고 과거 6년 동안 자기가 얼마나 탈무드를 열심히 공부했는가를 라비에게 이야기한 다음, 자기를 시험해 달라고 말했다. 그래서 라비는 탈무드를 펴고 어떤 한 페이지에 실려 있는 일에 대해서 물었다. 거기에는 매우 어려운 문제에 대한 논쟁이 기록되어 있었다. 학생은 그 논쟁에 대해 분명하게 설명했다. 다 듣고 난 다음 라비가 말했다.

"자네는 아직 멀었네."

라비는 다른 페이지를 펼치고 거기에 있는 내용에 대해서 물었다. 거기에는 더 어려운 문제에 대한 논쟁이 기록되어 있었다. 이번에도 학생은 그 페이지에 무엇이 쓰여 있고, 어떤 것이 문제점이며, 어떤 의문이 제기되고 어떤 대답이 나와 있는지를 막힘 없이 대답했다. 그러나 라비는 "자네는 역시 아직 멀었어."라고 말한 다음 이렇게 말했다.

"책을 많이 읽어도 그저 읽기만 해 가지고는 당나귀가 책을 등에 싣고 가는 것이나 다름이 없다. 당나귀가 아무리 많은 책을 등에 지고 있다고 해도 그것은 당나귀 자신에게는 도움은커녕 짐만 될 뿐이다. 책은 대답을 얻기 위해서 읽는 것이 아니라, 질문을 받고 스스로 거기에 대한 자기 생각을 정리하기 위해서 읽는 것이다."

좌우 대칭인 까닭

동물이나 물고기의 몸체는 좌우 대칭으로 되어 있다. 좌우 대칭인 것은 사람도 마찬가지이다. 이것은 어느 한 쪽으로 치우치지 말라는 뜻이다. 평생 울기만 하면서 지내도 안 되고, 평생 웃기만 하면서 지내도 안 된다. 쾌락을 탐닉해도 안 되지만, 쾌락을 원수처럼 여기는 금욕주의도 좋은 것이 아니다. 신앙심 없이 세속적인 삶에 몰두해도 안 되지만, 신앙을 빙자해서 가족과 사회에 대한 현실적인 의무를 소홀히해서도 안 된다.

라비의 신용

라비 아시가 친구에게 돈을 꾸게 되었다. 친구는 차용 증서를 만들고 증인을 세워 서명을 받고 싶다고 했다. 아시는 깜짝 놀라며 말했다.

"아니, 자네는 나를 믿지 못한다는 건가? 자네는 내가 평생 토라만 연구한 사람이라는 것을 누구보다도 잘 알지 않는가?"

친구가 대답했다.

"그러기에 내가 걱정하는 거라네. 그대는 토라 공부만 하고 있으므로 마음이 토라의 말씀으로 꽉 차 있어서 나에게 돈을 꾸었다는 것을 까맣게 잊어버리지 않을까 걱정이 돼서 하는 말이라네."

부자와 가난뱅이

두 사람이 상담을 하기 위해 라비를 찾아왔다. 한 사람은 마을에서 제일 가는 재력가이고 다른 사람은 가난뱅이였다. 두 사람은 대기실에서 기다리고 있었는데, 부자가 조금 먼저 왔으므로 먼저 라비의 방으로 들어갔다. 그는 한 시간이 지나서야 방에서 나왔다. 가난뱅이 남자가 그 뒤를 이어 라비의 방으로 들어갔다. 상담은 단 5분 만에 끝났다. 그 남자는 불평하듯이 말했다.

"선생님, 너무하십니다. 부자에게는 한 시간이나 상담을 해 주시고 저에게는 5분밖에 안 해 주시는군요."

라비는 웃으면서 이렇게 말했다.

"내 아들아, 그대는 그대가 가난하다는 것을 금방 알았네. 그러나 앞에 온 부자는 자기 마음이 가난하다는 것을 알기까지 한 시간이나 걸렸나네."

 부자와 현자

부자와 현자 가운데 누가 더 훌륭할까를 놓고 어느 라비의 제자들이 토론을 벌였다. 그들은 토론에 결론을 내지 못하고 스승에게 물었다.

"선생님, 부자와 현자 가운데 누가 더 훌륭한가요?"

"그야 물론 현자지."

"그러나 선생님, 그렇다면 어째서 부잣집에는 학자나 현자들이 출입하는데 부자들은 왜 현자를 찾지 않는가요?"

라비는 빙긋이 웃으면서 대답했다.

"현자는 지혜가 있으므로 돈이 필요하다는 것을 잘 알고 있다. 그래서 부잣집을 찾는다. 그러나 부자는 돈은 있지만 현인들에게 지혜를 배워야 된다는 것을 모르기 때문에 현자를 찾지 않는 것이다."

2장 현대 유대인 라비의 가르침

입을 다물 줄 모르는 사람은 문이 닫히지 않는 집과 같다

유대인은 어떤 일에든 자기의 생각을 이끌어 내는 교육을 받는다. 그래서 유대인 셋이 모이면 네 가지 의견이 나온다는 말도 있다. 유대인에게 질문을 하면 질문으로 되돌아온다고 할 만큼 그들은 호기심이 강하다. 그러나 관점을 달리하면 그만큼 수다스러운 민족이라는 뜻도 된다. 그래서 탈무드에는 혀나 말에 관한 경구가 많다.

유럽의 한 유대인 거리에 수다스러운 남자가 살고 있었다. 그는 한번 입을 열면 다른 사람은 끼어들 틈이 없을 정도로 말이 많았다. 한 번은 이 사람이 이웃 도시의 라비와 만나 이야기를 하던 중에 이렇게 말했다.

"우리 읍의 라비님이 선생님 욕을 하시더군요."

라비는 의자에서 벌떡 일어나면서 "그분이 그런 말씀을 하시다니,

나는 당신 말을 믿을 수가 없소."

"진짜라니까요. 제 이 두 귀로 분명히 들었습니다." 남자가 목소리를 높이며 항변하듯이 말했다.

"그럴 리가 없소! 무엇보다 당신이 거기에 있었다면 그 라비는 한 마디도 꺼낼 틈이 없었을 것 아니요?"

 새장에서 달아난 새는 다시 잡아 넣을 수 있지만
한 번 입에서 달아난 말은 붙잡을 수 없다

입이 무겁기로 소문난 어느 현인이 이런 질문을 받았다.

"선생님은 어떻게 비밀을 지키십니까?"

비밀을 남에게 이야기하지 않고 지키는 것은 현인이라 할지라도 어려운 일이다. 현인은 대답했다.

"나는 내 마음을 내가 들은 비밀의 무덤이라고 생각합니다."

비밀은 돈과 같아서 모아 두려고 해도 방심하면 나가 버린다. 비밀을 들었다면 그것에다 '요주의'라고 쓴 빨간 경고판을 단다고 상상하는 것이 좋다. 그리고 사람들을 만나 비밀을 말하고 싶은 충동이 일어나면 그 경고판을 머리에 떠올리도록 하라. 욕이나 남을 헐뜯는 말도 마찬가지이다. 말은 좌우에 날이 선 검으로, 아차 하는 순간에 자기도 다치고 남도 다치게 하는 수가 많다는 것을 잊어서는 안 된다.

입보다 귀를 높은 자리에 두라

입 때문에 망한 사람은 있어도 귀 때문에 망한 사람은 없다. 탈무드나 유대인의 속담 가운데는 입이나 말에 대한 교훈이 지나치다 싶을 정도로 많다. 유대인들은 이 문제를 그만큼 중요하게 받아들이고 있다는 뜻이다.

입은 자기의 주장을 말한다. 그러나 귀는 다른 사람의 주장을 듣는다. 입을 다물고 한마디도 하지 말고 살라는 말이 아니다. 인간 사회에서는 자기를 주장하지 않으면 살아가기 어려운 부분도 있다. 문제는 너무 가볍게, 너무 많은 말을 하는 것은 좋지 않다는 것이다. 입 때문에 어려운 일을 겪은 경험이 없는 사람은 거의 없을 것이다. 그럼에도 불구하고 조심하지 않으면 또다시 입 때문에 어려움을 겪는다. 그러므로 지나치게 말이 많은 것에 대해서는 아무리 여러 번 훈계해도 지나침이 없는 것이다.

 조잘거림은 태어난 지 얼마 안 돼서부터 배우지만, 침묵은 좀처럼 배우기 어렵다

유대인은 토론이나 논쟁을 즐긴다. 그래서 수다스럽다. 다른 사람이 한 마디 할 때 유대인은 열 마디는 할 것이다. 그러나 말이 많은 것은 유대인뿐만 아니라 인간이 공통으로 가지고 있는 약점이다.

지나간 세월을 돌이켜 보면 가볍게 입을 놀리거나 안 해도 될 말을 해서 후회하는 일은 있어도, 입을 다물고 침묵을 지킨 것을 후회하는 일은 없으리라. 듣는 일은 지혜를, 이야기하는 일은 후회를 가져오는 경우가 많다.

침묵도 하나의 언어이다. 침묵은 모든 언어의 토대이다. 침묵이라는 말을 배우지 못하면 '예' 라든가 '아니오' 라든가 또는 '좋다' 든가 '싫다' 든가 하는 기본적인 말을 모르는 것과 같다.

 가장 큰 고통은 하고 싶은 말을 하지 못하는 고통이다

이 말은 두 가지로 해석할 수 있다.

첫째, 다른 사람이 알지 못하는 것을 알고 있을 경우에는 우월감을 느끼게 된다. 그리고 그 정보가 상대와 관련이 있는데 상대는 모르고 자기만 알고 있을 경우에는 더욱 그러하다. 우월감을 느끼려는 욕망은 매우 강하다. 비밀이 지켜지기 어려운 것은 이 때문이다.

둘째, 인간의 내면에는 고독에서 벗어나고 싶은 강한 소원이 있다. 그래서 다른 사람에게 비밀을 이야기하여 자기와 공통의 경험을 갖게 함으로써 고독에서 도피하려고 한다. 그리고 친한 사람에게조차 무엇을 이야기할 수 없다는 것은 큰 고통이다. 친하다는 것은 자기가 가지고 있는 것을 스스럼 없이 나누어 가질 수 있음을 뜻한다. 정보와 비밀도 예외가 아니다. 그래서 사람은 비밀을 지키기가 어려운 것이다.

 어떤 사람이든 가까이 가면 작아진다

18세기에 폴란드에서 활동한 벤 엘리아라는 위대한 유대 사상가가 있다. 그는 이런 말을 했다.

"연못가에 서서 물을 들여다보면 처음에는 자기의 모습이 크게 보인다. 그러나 차츰 허리를 굽혀 가면 물에 비친 자기의 모습이 점점 작아진다. 마찬가지로 어떤 사람이라도 가까이 가면 작아진다."

임금이나, 권력자나, 대부호라도 자기가 잘 알고 있는 사람이라면 그도 그저 인간이라는 것을 알게 된다. 멀리 있을 때는 어마어마하게 커 보였지만. 그렇다면 남과 비교해서 자기가 작아 보이는 것은 자기를 너무 잘 알고 있기 때문이 아닐까?

꿀을 만지다 보면 조금은 맛볼 수 있다

사람만큼 환경에 적응을 잘하는 존재도 없다. 그래서 지구상에서 사람이 번성하게 되었을 것이다. 이 말을 뒤집으면 사람만큼 환경의 영향을 많이 받는 존재도 없다는 뜻이 된다. 경건한 분위기에서 성장한 사람이나 수도원에서 수행하고 있는 사람이라도 악한 사람으로 변할 수 있다. 그러나 그 확률이 적다. 마찬가지로 술집의 여자나 도박장에서 일하는 사람이 정직하기도 어렵다.

방앗간 집과 굴뚝 집이 싸우면,
방앗간 집은 검어지고 굴뚝 집은 희어진다

현명한 사람은 싸움을 하지 않는다. 싸움은 자기의 재산을 축내는 가장 빠른 방법이다. 서로 소득이 없는 것이다. 싸움은 자기를 주장하는 방법 가운데서 가장 졸렬한 방법이다. 지혜로운 사람이라면 자기를 주장해야 할 때에 보다 온화한 방법을 선택할 것이다.

방앗간 집은 흰 것이 특징이고 굴뚝 집은 검은 것이 특징이다. 그러나 이 두 집이 싸우면 방앗간 집은 굴뚝 집의 검댕을 묻히게 되고, 굴뚝 집은 방앗간 집의 밀가루를 뒤집어쓰게 된다. 서로 자기를 잃게 되는 것이다.

서로 자기의 잘못을 인정하지 않는다면 화해는 이루어지지 않는다

이 말은 미드라시에 나오는 가르침이다. 화해를 하려고 할 때, 종종 한 쪽에서는 자기 잘못을 인정하는 데 다른 한 쪽은 자기 잘못을 인정하지 않으려는 경우가 있다. 이래서는 화해가 이루어지지 않는다. 간혹 그런 상태로 싸움이 그치기도 하지만 그건 진정한 화해가 아니다. 대립하고 있는 관계에서 대등한 관계로 돌아가는 것이 화해인데, 어느 한 쪽만이 자기의 잘못을 인정하는 것으로는 대등한 관계가 회복되지 않기 때문이다.

다툰 사람이 서로 자기의 잘못을 인정해야 화해가 이루어진다. 비록 자기에게는 잘못이 없다는 생각이 들어도 자기에게서 다툼의 원인을 찾는 자세가 필요하다. 이것이 화해의 법칙이다. 상대의 사과만 받고 화해를 하는 것은, 상대의 잘못을 계속 비난하는 것과 다름이 없다.

하느님 앞에서는 울고 사람 앞에서는 웃어라

웃는 것은 즐거운 일이다. 유대인에게는 웃음이 생존의 중요한 요소 가운데 하나이다. 웃음을 모른다면 지혜와 지식에도 모자람이 있다는 것이 유대인의 생각이다. 웃으면 자기도 즐겁고 옆에 있는 사람도 즐겁게 한다. 그러므로 웃음은 아무리 많이 나누어도 지나침이 없는 것이다.

반대로 우는 것은 하느님 앞에서 혼자 보일 일이다. 슬픔은 다른 사람에게 나누어 줄 것이 못 되기 때문이다.

 **자기를 놓고 웃을 수 있는 사람은
다른 사람의 웃음거리가 되지 않는다**

자기를 놓고 웃을 수 있다는 것은 자기를 객관적인 시각으로 바라볼 수 있다는 뜻이다. 권위주의적이고 자기 중심적인 사람은 자기를 객관적으로 바라보기가 쉽지 않다. 밖을 보는 눈은 있어도 자기 내면을 들여다볼 눈이 없는 셈이다. 이런 사람은 다른 사람을 보고 웃을 수는 있어도 자기를 보고는 웃지 못한다. 어쩌다 다른 사람이 자기를 보고 웃으면 자존심이 잔뜩 상해서 화를 낸다.

웃음은 여유다. 자기를 보고 웃을 수 있는 사람은 자기에 대해 여유를 가질 수 있다. 이런 사람은 어떤 상황에서도 경직되지 않고, 자기를 곤경에 빠뜨리지도 않는다.

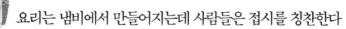 요리는 냄비에서 만들어지는데 사람들은 접시를 칭찬한다

이것은 사람들이 종종 실제로 칭찬받아야 할 것은 제쳐 두고 다른 것을 칭찬하는 잘못을 범하지 않도록 경계하는 속담이다.

예루살렘에서 어떤 남자가 버스를 탔다. 뚱뚱한 미국 여자가 강아지를 데리고 앉아 있었는데, 강아지가 한 사람이 앉을 수 있는 자리를 차지하고 있었다. 남자는 몹시 피곤한 상태였다. 그래서 부인에게 강아지를 가리키며 영어로 "미안하지만 이 자리를 좀 비워 주실 수 있습니까?"라고 물었다. 그런데 부인은 못 들은 체했다. 그는 다시 한 번, "죄송합니다만 이 개 대신 제가 앉을 수 없을까요?"라고 했다. 부인은 머리를 가로저었다. 남자는 순간 화를 내며 강아지를 버스 창 밖으로 내던졌다. 그러자 옆에 있던 남자가 말했다. "잘못한 건 강아지가 아니라 저 여자 아닙니까?"

이 이야기는 사람이 화를 낼 때 엉뚱한 것에 화를 내는 일도 있다는 것을 잘 보여 준다. 화가 난다고 문을 걷어찬다든지 주먹으로 콘크리트 벽을 친다든지 하는 것도 다 그런 것이다.

 안식일이 사람에게 주어진 것이지,
사람이 안식일에 주어진 것은 아니다

일을 하건 놀건 '무엇을 하느냐'보다 '내가 누구냐'가 더 중요하다. 이 순서를 잊으면 일에 떠밀리듯이 여가와 휴식에도 떠밀린다. 사람은 일이라는 괴물에게 던져진 먹이가 아니다. 마찬가지로 여가와 휴식이라는 괴물에 던져진 먹이도 아니다. '휴일'이라는 강박 관념에서 해방된 휴일에 대해서 깊이 생각해 볼 필요가 있다.

열 번 길을 물어보는 것이 한 번 길을 잃는 것보다 낫다

인생의 기본에 충실하라는 가르침이다. 유대인을 '율법의 민족'이라고도 하는데, 율법이란 보편적으로 적용되는 인생의 기본 법칙을 가리킨다. 그러나 살다 보면 뜻밖에 기본 법칙을 소홀히하는 경우가 많다.

걷는 법, 뛰는 법, 앉는 법, 먹는 법 등 삶의 기본이 되는 법칙들은 예부터 변함이 없다. 사람들은 한 번 일어난 일은 다시 일어나지 않는다는 말을 종종 한다. 그러나 사람이 살아가는 기본적인 것들에는 변함이 없으며, 모양만 다르게 나타날 뿐 예부터 있었던 일들이 계속 일어나고 있다. 오래된 가르침을 따르는 것이 좋은 이유는, 오랜 세월에 걸쳐 이런 경우에는 이렇게 하는 것이 좋다고 통계적으로 입증된 가르침을 따르는 것이 안전하기 때문이다.

여론이나 시장 조사를 아무리 뛰어나게 잘하는 기관이라도 수천 년을 거슬러 올라가 그 시대 사람들과 인터뷰를 하고 통계를 낼 수는 없다. 하지만 유대인이 가지고 있는 율법이라는 것은 그런 기능을 한다. 기본이 얼마나 중요한가를 보여 주는 다음과 같은 이야기가 탈무드에 나온다.

어느 마을에 영리한 사람이 있었다. 그는 만일 닭이 달걀을 품고 병아리를 깔 때와 똑같은 온도를 유지해 준다면 병아리를 얼마든지 까서 그것을 팔아 부자가 될 수 있을 것이라고 생각했다. 그는 연구에 연구를 거듭한 결과 그렇게 할 수 있는 부화기를 발명했다. 그 사람은 기쁨으로 마음이 들떴다. 그래서 자기가 고안한 부화기에 달걀을 넣으려다가 달걀 상자를 놓쳐 버렸다. 달걀을 바닥에 떨어뜨리면 달걀이 깨진다는 가장 기본적인 것에 소홀했던 것이다.

유대인의 속담 가운데 "소에게서 젖을 아무리 많이 짜 내도, 그 뒤에 있는 양동이를 발로 차 버리면 아무 소용이 없다."는 말도 같은 뜻이다. 고도의 문명 사회에서 살고 있을지라도 기본에 충실하지 않으면 낭패를 보는 일이 많다.

 영(零)에서 하나까지의 거리는 하나에서 천까지보다 멀다

사람들은 천을 열심히 구한다. 그러나 하나를 업신여긴 나머지 하나도 얻지 못하는 경우가 많다. 천을 갖고 싶으면 하나를 소중하게 여길 줄 알아야 한다. 영에서 하나를 만드는 데에는 인내력이 필요하다. 그러나 영에서 하나를 만들어 낸 경험이 있는 사람은 뜻밖에 쉽게 천에 도달할 수 있다.

 너무 앉아만 있으면 항문에 나쁘다,
너무 오래 서 있으면 심장에 나쁘다, 너무 걸으면 눈에 나쁘다.
그러므로 이 셋을 적당히 하지 않으면 안 된다

이것도 탈무드에 나오는 말이다. 앞의 둘은 쉽게 수긍이 가지만, 너무 걸으면 눈에 나쁘다는 말은 쉽게 이해가 되지 않을 것이다. 이스라엘은 거의가 사막 지대이므로 너무 오래 밖에서 돌아다니면 모래 먼지

가 눈에 들어가 안질이 생기는 일이 흔하기 때문에 생긴 말이다.

유대인의 처세술을 한 마디로 요약한다면 '무엇이든 도에 지나치지 말고, 알맞게 하라.' 는 것이다. 나는 유대인의 힘의 원천이 어디에 있느냐는 질문을 종종 받는다. 이에 대한 대답은 많다. 그 가운데 하나가 유대인은 극단을 피하고, 모든 분야에서 균형 잡힌 생활을 한다는 것이다.

 이상주의자는 장미의 냄새를 맡고 그 향기에 취하여, 장미로 맛있는 수프를 만들 수 있을 것이라고 짐작한다

이것은 극단이나 과격함을 피하라는 가르침이다. 유대인은 권위에 맹종하지 않고 끊임없이 새로운 것을 생각하지만, 무의미한 모험은 하지 않는다. 인간의 삶은 한 가지나 두 가지가 아니라 대단히 다양한 요소로 구성되어 있다. 그러므로 어느 한 가지에 치우치는 것은 좋은 일이 아니다. 장미가 향기롭고 아름답기는 하지만 그것으로 수프를 끓여 먹을 수는 없다. 수프를 끓여 먹을 때에는 양배추를 써야 한다.

유대인은 탈무드나 유대의 고전들을 고리타분한 과거의 책으로 여기지 않고 지금 막 출판된 신선한 책으로 여긴다. 그것은 그 안에 사람들의 다양한 경험이 기록되어 있고, 그런 다양한 경험을 인정하고 받아들이면 어느 한 쪽으로 치우치는 어리석음을 범하지 않기 때문이다. 사람은 양배추만으로 살 수도 없고, 장미만으로 살 수도 없다. 이것저것이 다 있어야 한다.

행운이 찾아오기만 기다려서는 안 된다, 행운에 협력해야 한다

세계를 정처없이 떠돌던 유대인만큼 행운이 찾아오기를 갈망했던 사람들도 없었으리라. 한 땅에 오래 자리를 잡고 확고한 사회를 형성하고 있는 사람들에게는 행운이 그다지 필요치 않다. 그러나 압박받고 차별받고 가난했기에 일정한 삶의 자리를 갖지 못했던 유대인은 늘 행운을 동경했다.

그러나 행운은 나비와 같다. 찾아온다고 하더라도 자기가 잡지 않으면 아무 소용이 없다. 나비와 같이 팔랑거리며 찾아오는 행운을 잡으려면, 가까이 다가왔을 때 자기 것으로 낚아 챌 수 있는 집중력이 필요하다. 그래서 유대인들은 이런 속담을 만들어 냈다. "감각이 둔하면서도 행운을 붙잡으려고 하는 것은 구멍 뚫린 그물로 물고기를 잡으려는 것과 같다."

재수가 없으면 뒤로 자빠져도 코가 깨진다

뒤로 넘어졌는데 코가 깨지는 것은 상식적으로는 있을 수 없는 일이다. 슈레미일이라는 유대인 남자가 있었다. 슈레미일은 무엇을 하든 채플린 영화에 나오는 사내처럼 엇갈리고 만다. 예들 들어 식탁에서 빵을 떨어뜨리면 꼭 버터나 잼을 바른 쪽이 마루에 붙어 버리고, 비가 올 것 같아서 우산을 가지고 나가면 하루 종일 햇볕이 쨍쨍 내리쬔다. 이렇게 운이 없는 사람도 있다는 생각을 하면 스스로 위안을 할 수 있다. "슈레미일에 비하면 나는 얼마나 운이 좋은 놈이냐!"고.

유대인은 오랜 세월 박해받는 생활을 하고 있었으므로, 유대인 거리는 늘 슈레미일들로 넘치고 있었다. 그래서 유대인 이야기 가운데에는 슈레미일에 관한 이야기가 아주 많다.

"슈레미일은 부스럼이 생겼을 때에는 약이 없고, 모처럼 약을 구하면 부스럼이 생기지 않는다."

"슈레미일은 반드시 뜨거운 수프를 쏟고 만다, 그것도 다른 사람의 옷 위에."

선행의 최대 보수는, 한 번 더 선행을 할 수 있다는 것이다

악을 두려워하던 사람도 한 번 악을 범하고 나면 다음에는 악을 범하는 것이 쉽다. 이런 일이 반복되다 보면 얼마 지나지 않아 즐겨 악행을 일삼는 사람으로 변한다. 인간은 적응력이 아주 뛰어난 존재인 것이다.

그런데 사람들은 악에 대해서 두려움을 가지고 있는 것과 마찬가지로, 선에 대해서도 두려움을 가지고 있다. 선행은 어려운 것이다. 타고난 사람들이나 저런 일을 하지 나와는 인연이 없는 일이다. 대개 이렇게 생각하며 뒷걸음질친다. 그러나 선도 한 번 행하고 나면 다음에는 쉬워진다. 그리고 그 다음에는 더 쉬워진다. 그러니 이제부터 시작해 봄이 어떨지?

눈에는 눈, 이에는 이

성서에도 나오는 말이다. 한 유대인이 다른 유대인에게 100만 원을 등쳐 먹었다고 하자. 그러면 두 사람은 라비에게 간다. 아니면 가해자가 라비의 호출을 받는다. 라비는 자기가 담당하고 있는 지역 사회의 재판관도 겸하고 있다. 라비는 마땅히 100만 원을 돌려 주라고 명령한다. 만일 100만 원이 없다면 '눈에는 눈, 이에는 이'의 규례에 따라 그 값에 해당하는 물건을 주라고 명령한다.

어떤 식으로든 일단 돌려 주고 나면, 가해자의 죄는 완전히 없어진다. 스스로 정신적인 부담에서도 벗어난다. 다른 사람도 그를 욕하거나 미워하지 않는다. 이렇게 돌려주기만 하면 죄도 없어진다는 것이 유대인의 정의 관념이다.

'눈에는 눈, 이에는 이'라는 규례가 외국인의 눈에는 잔혹한 명령으로 보이는 경우가 있다. 하지만 결코 잔혹한 명령이 아니다. 다른 사람의 자동차 문고리 한 개를 부수었으면 그것에 상당하는 것을 물어 주라는 것이다. 문고리 한 개밖에 부수지 않았는데 자동차 한 대를 통째로 요구할 수는 없는 것이다. 따라서 이 명령은 복수를 권장하는 것이 아니라, 흥분한 나머지 앞뒤 안 가리고 복수하는 것을 막으려는 목적을 가지고 있다. 또 가해자에게도, 죄책감에서 벗어나 심리적인 평화를 찾을 수 있게 하려는 목적도 가지고 있다. 상당히 공평하고 자비로운 법인 셈이다.

 위대한 학자라고 해서 성공한 사업가가 될 수 없으며,
성공한 사업가라고 해서 훌륭한 학자가 될 수 없다

한 가지 일에 뛰어나다고 해서 다른 일에도 뛰어나다고 할 수는 없다는 뜻이다. 예를 들면 탈무드를 통달한 현명한 라비라도 열쇠를 간수하는 등의 사소한 일을 잊는 일이 있다. 그리고 거대한 재산을 모은 대재벌이라도 학문에 관해서는 전혀 무지한 경우도 있다. 이처럼 인간에게는 자기 분야가 있고 한계가 있다. 그러므로 자기가 한 가지 분야에서 뛰어난 업적을 이루었다고 해서 오만해지면 안 된다. 다른 분야에서는 풋내기일 수도 있기 때문이다.

식사는 자기 입맛에 맞추고 의복은 사회의 유행에 맞추라

사람에게는 '남들처럼' 살고 싶어하는 욕망이 있다. 그래서 비슷한 집과 가구와 자동차와 가전제품을 마련한다. 자기만 별나게 살면 사람들이 이상한 눈으로 바라본다. 괴짜 또는 별종이라는 딱지가 붙어 사람들과 어울리기도 어렵다. 그래서 다른 사람들과 비슷한 모양으로 살고자 하는 것은 결국 자기를 지키고자 하는 본능에서 비롯되는 욕망이라고 할 수 있겠다.

머리 모양이나 복장을 이상하게 한다고 해서 개성적인 사람이 되는 것은 아니다. 오히려 개성이 없는 사람이 겉모양을 남들과 다르게 하여 개성이 있는 것처럼 꾸미려는 경향이 강하다. 하지만 이런 방법으로는 자기 고립밖에 얻을 수 없다. 참다운 개성은 내면 세계에서 이루어야 한다. 그래서 의복은 사회의 유행에 맞추라는 것이다.

그런데 어찌된 영문인지, 사람들은 식성의 차이에 대해서는 무척 너그럽다.

들어오고 나가는 바다가 살아 있다

모든 것을 가지려고만 하면 곤란하다. 사람들은 나누어 가지려는 사람의 둘레에 모여들기 마련이다. 그런 사람 주변에는 활기가 넘친다. 갈릴리 바다와 사해가 그런 교훈을 주고 있다.

사해는 바다보다 392미터나 낮은 곳에 자리 잡고 있다. 주위는 온통 사막으로 둘러싸여 있다. 사해의 물은 소금의 농도가 짙어서 사람이 들어가면 가라앉지 않고 둥둥 뜬다. 사해의 물에는 물고기는 물론 아무 생물도 살지 못한다. 그러나 갈릴리 바다에는 물고기가 많다. 예수의 제자들이 고기를 잡던 곳으로도 유명한 갈릴리 바다는 생명으로 넘친다. 바닷가에는 많은 나무들이 수면에 가지를 드리우고 있고, 새들이 모여 지저귀는 싱싱하고 아름다운 세계이다.

그와는 반대로 사해 주위에는 나무도 없고, 새도 날아오지 않는다. 공기조차 답답하게 느껴진다. 물을 마시러 오는 동물도 없다. 그래서 '죽음의 바다' 라는 이름이 붙은 것이다.

갈릴리 바다로는 요르단 강물이 흘러 든다. 그리고 그 물은 다시 사해로 흘러 들어간다. 그러나 사해는 물을 받기만 하고 내보내지 않는다. 너무 지대가 낮아서 흘러나갈 곳이 없기 때문이다. 그래서 현인들은, 갈릴리 바다는 받아들인 만큼 다시 남에게 주기 때문에 생기가 넘치고 있지만, 사해는 받기만 할 뿐 주는 일이 없기 때문에 죽어 있는 것이라고 가르쳤다.

받는 것만 좋아하고 줄 줄 모르는 사람들이라면 깊이 생각해 볼 가치가 있는 이야기가 아닐까?

아무리 비싼 시계라도 째깍째깍 하는 시간의 길이는 같으며,
아무리 위대한 사람에게도 한 시간의 길이는 다르지 않다

유대인은 캐주얼한 복장을 좋아한다. 양복에 넥타이를 매고 있는 사람은 정부 고관 가운데서도 드물다. 유대인은 인간 관계에서도 딱딱한 것을 싫어한다. 그래서 가끔 예의를 모른다는 말을 듣는다. 그러나 유대인은, 사람이란 모두 비슷해서 특별히 잘난 사람은 없다고 생각한다. 이것은 옛날부터 그랬다. 게다가 외부와 격리된 채 유대인 거리에서 고립된 생활을 하는 동안, 해방되기까지 진퇴의 행동을 같이 해야만 했기 때문에 영주도 지주도 생길 수 없었는지 모른다.

 따분한 남자가 방을 나가면 누군가 새 손님이 온 것처럼
신선한 느낌이 든다

어떤 사람이 따분한 남자인가? 옛날에 라비들이 이 문제를 놓고 토론을 했다. 오랜 토론 끝에 그들은 "남이 어떻게 느끼고 있는지 무시하고, 남의 기분을 이해하려 하지 않고 자기 주장만 늘어 놓는 사람"이 따분한 사람이라는 결론에 도달했다.

따분한 사람이란 학식과 무관하다. 아무리 박학다식한 사람이라도 따분할 수 있다. 아인슈타인 같은 대학자라도 남의 기분을 살피려 하지 않으면 따분한 사람이 될 수 있다. 그가 무식한 농부를 만나 상대성 원리에 대해 일방적으로 몇 시간 이야기했다고 치자. 그가 나갔을 때 농부는 누군가 새 손님이 방에 들어온 듯한 신선한 기분을 느낄 것이다.

소나기가 온 다음에는 무지개가 뜬다

유대인은 자기들의 역사를 소중히 여긴다. 유대인의 역사는 유대인 한 사람 한 사람이 체험한 역사와도 같다. 유대인이 당한 비참한 이야기는 너무 많다.

유대인은 무지개를 희망의 상징으로 여긴다. 소나기가 내린 다음에는 반드시 무지개가 하늘에 뜨기 때문이다. 유대인은 늘 무지개가 뜰 것이라는 희망을 갖고 살아왔다. 아무리 짓밟히고 박해가 혹독해도 반드시 살아 남는다는 희망을 버리지 않았다. 그래서 박해를 견딜 수 있었다.

우리 주변에는 하찮은 장애에도 금방 좌절하고 포기해 버리는 사람들이 많다. 예를 들면 사업에 실패했다고, 직장을 잃었다고, 심지어는 입학 시험에 떨어졌다고 자살하는 사람도 있다. 그러나 유대인에게는 이런 정도의 어려움은 어려움 축에 끼지도 못한다.

어떤 어려움에도 꺾이지 않는 용기는 그런 어려움을 극복한 체험을 통해 강화할 수 있다. 그러나 자기가 직접 체험하지 않고 앞서 간 사람들의 체험을 거울 삼아 자기 것으로 할 수도 있다. 그래서 유대인은 자기들의 역사를 소중히 여기는 것이다.

 ## 가난한 사람을 업신여기지 마라.
그들의 낡은 셔츠 속에 훌륭한 지혜의 진주가
숨겨져 있을지 모른다

유대인 사회에 거지가 있었다고 하면 놀라는 사람이 있을지도 모른다. 그런데 실제로 유럽의 유대인 사회에는 분명히 거지가 있었다. 그들을 '시노렐'이라고 하는데, 다른 사람의 자선은 받지만 집집마다 찾아다니며 구걸하는 일 따위는 하지 않았다.

유대인 사회에서 거지는 당당한 하나의 직업이었으며, 하느님의 허락을 받은 존재였다. 그들은 자비의 대상으로 없어서는 안 될 존재였던 셈이다.

시노렐 가운데에는 대단한 독서가도 많았는데, 탈무드를 환하게 통달하고 있는 사람도 적지 않았다. 그들은 회당의 단골이기도 하며, 토라나 탈무드의 토론에 참가했다. 이런 이유 때문에 탈무드에는 가난한 사람을 변호하거나, 그들을 무시하지 말라는 격언이 자주 등장하는 것이다.

 라비는 어떻게 되고, 무엇을 하나?

옛날 로마가 이스라엘을 지배하고 있을 때, 그들은 유대인을 멸망시키려고 여러 가지 방법을 생각했다. 유대인 학교를 폐쇄하고, 예배를 금하고, 책을 불태우고, 유대인의 축제 행사를 못하게 하고, 라비를 임명하지 못하도록 하기도 했다. 그들은 라비가 되는 교육을 마치고 라비로 임명하는 식장에 참석한 사람은 모두 사형에 처하고, 그런 일이 일어난 도시를 멸망시키겠다고 위협했다. 이것은 로마가 그때까지 행한 탄압 수단 가운데서 가장 현명한 조치였다.

라비는 유대인의 모든 권위를 대표하는 정신적인 지도자이다. 라비가 없으면 유대인은 부모 없는 아이와 같다. 로마 사람들도 그것을 잘 알고 있었다. 그래서 그런 조치를 취했던 것이다.

　로마 사람의 책략을 꿰뚫어 본 어떤 라비가 가장 사랑하는 제자 5명을 데리고 도시를 빠져 나가, 사람이 살지 않는 계곡으로 들어갔다. 그리고 거기서 5명의 제자를 라비로 임명했다. 그 라비는 만약 발각되더라도 자기들 때문에 마을이 불타는 것을 막기 위해서 마을에서 멀리 떨어진 곳에서 제자들을 라비로 임명한 것이다. 그러나 그들은 로마군에게 발각되었다.

　제자들이 물었다. "선생님, 어떻게 하지요?" 그러자 라비는 "나는 살 만큼 살았으니 괜찮지만 너희들은 라비의 일을 계속해야 하니 어서 도망치거라!" 라비는 머뭇거리는 제자들에게 다시 한 번 호통쳤다. "빨리 도망가지 않고 뭣들 하는 거냐!" 젊은 제자들은 재빨리 도망쳤다. 늙은 라비는 로마 군인들에게 붙잡혀 칼로 3백 번이나 난자당하는 가혹한 형벌을 받고 숨을 거두었다.

　이 이야기를 하는 이유는 유대인 사회에서 라비가 얼마나 중요한 위치를 차지하고 있는가를 설명하기 위해서이다. 라비는 유대인의 상징이라고 생각해도 좋다.

　탈무드가 유대인에게 어떤 책인지를 이해하지 못하면 유대 문화를 이해하지 못한다. 원칙적으로는 유대인이라면 탈무드를 공부하여 탈무드에 담겨 있는 가르침과 이치를 터득하여야만 한다. 유대인은 매일 일정한 시간을 공부하는 데 쓰도록 되어 있다. 이것은 학식을 높이 쌓는다는 단순한 목적을 넘어서 종교적인 의무이다. 그 이유는 유대인에게는 하느님을 공경하고 섬기는 것이 공부를 통해 하느님을 더 깊이 이해하는 것이기 때문이다. 그러나 라비는 일정 시간이 아니라 거의 모든 시간을 탈무드 공부에 바치는 훈련 과정을 겪은 사람이다. 라비는 탈무드에 통달한 사람이다. 그래서 유대인의 상징이고, 모든 유대인의 존경을 받는다.

어떤 도시나 마을이 어떤 라비를 선택하느냐는 그 지역 주민의 자유이다. 라비도 교구를 선택할 자유가 있다. 그러므로 한 지역 사회에서 라비를 초청하기 위해 여러 명의 라비를 만나볼 수 있고, 라비도 자기가 원하는 도시나 마을을 찾기 위해 여러 곳을 가 볼 수 있다. 15세기까지는 라비들에게 보수가 없었다. 그래서 대개는 다른 직업을 가지고 있었다. 하지만 15세기부터 지역 사회가 라비에게 보수를 지급하기 시작했다. 보수와 부대 조건은 지역 사회와 라비 사이의 계약에 의해 결정된다.

오늘날 라비의 역할은 유대인 학교의 책임자이고, 회당의 관리자이며 설교자이다. 그는 다른 사람을 대신하여 유대의 전통을 공부하고, 유대인 사회에서 생기는 모든 문제를 주관한다. 아이가 태어나도 라비를 부르고, 장례도 라비가 집례한다. 결혼할 때도 이혼할 때도 라비가 입회한다. 좋을 때나 나쁠 때나 라비는 언제나 얼굴을 내민다.

 유대인의 최고 가치는 지혜로움이다

유대인은 오랜 세월에 걸쳐 수없이 많은 박해를 받았다. 재산을 모두 약탈당하고 도시가 불타는 일은 셀 수도 없을 정도로 많았다. 그래서 유대인 어머니들은 아이들에게 이런 질문을 한다. "만약 집이 불타고 재산을 모두 빼앗긴다면 너는 무엇을 가지고 도망치겠느냐?"

대개의 아이들은 돈이나 보석을 가지고 도망치겠다고 대답하기 마련이다. 그러면 어머니는 네가 가지고 가야 할 것은 "형태도 색깔도 없는 것"이라고 암시를 주면서 다시 묻는다. 그래도 아이가 대답을 못하면, 어머니는 지혜를 가지고 도망가야 한다고 아이에게 일깨워 준다. 지혜는 누구도 빼앗을 수 없으며, 목숨이 붙어 있는 한 자기와 함께 있는 것이기 때문이다.

유대인의 속담이나 격언 가운데는 지혜에 대한 것이 많다.

"여행 도중에 고향 사람들이 본 적도 없고 모를 것 같은 책을 발견하거든 그 책을 꼭 사 가지고 고향으로 돌아오라."

"생활이 어려워 물건을 팔아야 한다면 먼저 금은 보석과 집과 토지를 팔아라. 최후의 순간까지 팔아서는 안 되는 것은 오직 책이다."

책은 지식과 지혜의 상징이다. 1736년 라트비아의 유대인 공동체는 책을 빌려 주지 않는 사람에게 벌금을 물린다는 조례까지 정했다. 유대인 가정에는 책꽂이를 침대 다리 쪽에 놓지 않고 머리 쪽에 놓는 풍습이 전해져 내려오고 있다. 유대인 사회에서 지성과 지혜를 얼마나 중요하게 여기는가는, 학자가 왕보다 더 존경받는 대상이라는 것만 보아도 알 수 있다. 유대인은 이만큼 학문을 소중히 여기지만, 지식보다는 지혜를 더 소중히 여긴다. 아무리 지식이 많아도 지혜가 없으면, 당나귀가 많은 책을 짊어지고 가는 것과 같다고 생각한다.

히브리어로는 지혜로운 사람을 '호헴'이라고 부르는데, '호헴'은 반드시 학식이 많은 사람은 아니다. 야채 가게 주인이나 정육점 주인 가운데에도 '호헴'으로 알려진 사람이 많다. 호헴 가운데에서 가장 뛰어난 호헴을 '탈미드 호헴'이라고 불렀다. 탈무드에 통달한 사람이라는 뜻이다. 일반적으로 탈미드 호헴은 정규 교육 과정과는 아무 상관이 없다. 정규 교육을 받지 못했어도, 탈무드를 열심히 공부하여 통찰력과 겸허함을 갖추면 탈미드 호헴이 되는 것이다.

유대인은 이렇게 말한다. "호헴과 부자는 누가 더 위대한가? 그것은 호헴이다. 왜냐하면 호헴은 돈의 고마움을 알지만, 부자는 지혜의 고마움을 모르기 때문이다."

부드러워야 하는 이유

하느님께서 흙이라는 똑같은 재료로 인간을 만들었지만, 사람마다 모습이 다르고 성격도 다르다. 이렇게 서로 다른 사람이 어울려 살아가자면 유연성이 있지 않으면 안 된다. 자기만을 주장하면 싸움과 충돌이 그치지 않기 때문이다.

옛날 라비들은 뼈 주위에 살이 있는 것은 뼈를 보호하기 위해서이지만, 해파리처럼 뼈가 없거나 또는 돌처럼 살이 없어도 곤란하다고 생각했다. 라비 앙켈은 이런 말을 했다. "언제나 갈대처럼 부드러워야 한다. 삼나무처럼 단단해서는 안 된다. 갈대는 어느 방향에서 바람이 불어와도 바람에 따라 휘었다가 바람이 멎으면 다시 제자리로 돌아온다. 이런 갈대는 토라를 쓰는 펜과 종이가 된다. 그런데 삼나무는 어떤가? 삼나무는 단단하지만 강한 바람이 불어오면 쓰러진다. 쓰러진 삼나무는 집 짓는 재료나 장작이 되어 아궁이에 던져진다. 갈대는 부드럽기 때문에 좋은 미래가 약속되어 있으나, 삼나무는 자기를 굽히지 않았기 때문에 보잘것없는 신세가 되는 것이다."

PORTRAIT DE MOÏSE

צורת משה רבנו עליו השלום אדון הנביאים ובה
חקוק ספר דברים מעשה די אמן במלאכת הציור
הלל דוד בראווערמאן.

Law giver of the Israelites and the greatest of the Prophetes.
(Containing the fifth Book)
Written in small letters by Hilel Braverman.

Legislateur des Israelites et le plus grand de
(Renfermant le cinquième livre)
Ecrit en petits caractéres par M.r Hilel Brav

3장 탈무드에 나오는 속담과 현자들의 어록

부모

❀ 한 부모는 열 명의 자녀를 보살필 수 있다. 하지만 열 명의 자녀가 한 부모를 섬기기는 어렵다.

❀ 부모는 자식을 위해서 헌신적이지만 자식이 그렇지 못한 것은 최초의 인간인 아담 때부터 비롯된 오래된 인간의 습성이다. 아담은 자식들을 돌보는 법은 배울 수 있었지만 부모가 없었기 때문에 부모를 섬기는 법은 배울 수가 없었기 때문이다.

하느님

❀ 단 하나 내 가슴속에 있는 하느님을 빼고는 내가 가지고 있는 모든 것을 빼앗아 갈 수 있다.

❀ 하느님, 나는 당신의 지옥을 두려워하지 않습니다. 당신의 천국도

갈망하지 않습니다. 빛나는 천사들의 세계를 동경하지도 않습니다. 당신은 아십니까, 내가 진정으로 바라고 있는 것이 무엇인지를? 당신, 오직 당신을 바랄 뿐입니다.

❀ 하느님이 사람을 부르는 방법은 사람마다 다르다. 어떤 사람에게는 속삭이듯 조용한 음성으로 부르시고, 어떤 사람에게는 천둥처럼 고함을 치며 부르신다. 하느님이 부르는 소리가 크냐 작으냐는 그 사람이 하느님에게서 얼마나 멀리 떨어져 있는가에 따라 결정된다.

❀ 사람들은 하느님께 도달하기 위해 하늘에 오르려고 한다. 하지만 나는 내가 어디에 있든지 그곳에 하느님이 계시다는 것을 안다.

❀ 하늘을 쳐다보며 죽은 다음에 그곳에서 무슨 일이 일어날 것인가에 관심을 갖는 것보다, 자신의 내면을 쳐다보며 이곳에서 일어나는 일에 관심을 갖는 것이 더 낫다.

❀ 하느님께서 나의 뜻을 이루어 주시는 것보다 내가 하느님의 뜻을 행하는 것이 더 낫다.

❀ 한 번의 도약으로 하늘에 오를 수 있는 사람은 없다.

❀ 아침에 잠에서 깨면서 "하느님, 고맙습니다!"라고 감사의 기도를 드리는 것은 좋은 일이다. 하지만 그때마다 기도를 드리고 있는 '나'는 누구이며 기도를 받는 '그'는 누구인지를 깊이 생각해 볼 필요가 있다.

❀ 다른 사람의 동정을 사기 위해서 옷을 찢으며 큰 소리로 우는 것보다 자신의 마음을 찢으며 하느님의 자비를 구하는 것이 더 낫다.

❀ 그대가 하느님을 사랑하는 것만으로는 충분하지 않다. 그대는 하느님의 사랑을 받는 존재가 되기 위해서 노력해야만 한다.

❀ 모든 곳에서 하느님을 발견하지 못하는 사람은 아무 곳에서도 하느

님을 발견하지 못한다.

❀ 하느님이 눈에 보이지 않는 것은 우리가 그를 찾도록 하기 위함이다.

❀ 하느님은 거룩한 천사들이 더 많기를 바라지 않는다. 그에게 필요한 것은 더 많은 거룩한 사람들이다.

❀ "우상을 만들지 마라."라는 계명은 하느님에 대한 고정된 이미지를 갖지 말라는 뜻이다. 하느님에 대한 고정된 이미지를 갖는 것은 하느님을 우상으로 만드는 것이다.

사랑

❀ 다른 사람의 사랑을 받고자 한다면 먼저 다른 사람을 사랑하라.

❀ 모든 사람은 성스러운 빛에 감싸여 있다. 그 빛은 우리가 누군가를 사랑할 때 밝게 빛난다.

❀ 사랑은 영혼의 상처를 치료하는 가장 확실한 약이다.

❀ 사랑에 빠진 사람은 폭풍우가 치는 바다에서 가느다란 줄 하나만 잡고 있는 사람과 같다.

❀ 자신에 대한 망각은 사랑의 가장 확실한 증거이다. 사랑에 빠진 사람은 자기 자신을 잊고 사랑하는 사람만 생각한다.

❀ 사랑은 빵이라기보다는 삶에 활기를 불어넣는 포도주이다.

❀ 다른 사람을 미워하는 사람은 악한 사람이다. 그러나 자기 자신을 미워하는 사람도 악한 사람이다.

❀ 땅을 사랑하는 사람은 땅의 사랑을 받는다.

❀ 하느님을 사랑하는 것과, 하느님의 자녀인 다른 사람을 사랑하는 것은 똑같다. 우리가 어떤 사람을 사랑한다면 그의 자녀도 사랑할 것이

기 때문이다.

❀ 하느님을 사랑하는 것보다 하느님의 자녀인 다른 사람을 사랑하는 것이 더 위대하다. 왜냐하면 하느님조차도 사람들을 사랑하시기 때문이다.

❀ 나는 다음 생에 암소로 태어나고 싶다. 그래서 사람들이 내게서 나오는 우유를 먹고 하느님의 일을 할 수 있는 힘을 얻게 하고 싶다.

진리와 거짓

❀ 하느님을 속일 수는 없다. 현명한 사람도 속일 수 없다. 사회도 속일 수 없다. 속일 수 있는 것은 오직 자기 자신뿐이다.

❀ 성서에서는 "이웃에게 부당한 일을 해서는 안 된다."고 말하고 있다. 그러나 여기서 한 걸음 더 나아가 자기 자신에게도 부당한 일을 하면 안 된다.

❀ 자기 모습대로 살지 않고 다른 사람의 흉내를 내며 사는 사람은 스스로를 속이는 사람이다.

❀ 나는 가짜 금으로 도금한 보석을 경멸한다. 그것은 거짓과 자만심의 결합이기 때문이다.

❀ 마음과 가슴이 항상 함께 가도록 하라.

❀ 가난한 사람을 칭송하는 부자는 사기꾼이며, 자신의 가난을 자랑스레 떠벌리는 사람은 저열한 사람이다.

❀ 속에는 탐욕을 가득 품고 있으면서 튀어나온 배를 탈무드 몇 페이지로 가리고 있는 사람도 있다.

❀ 도둑은, 갖고 싶지만 자기에게 없는 물건을 훔친다. 속이는 것은 다

른 사람의 마음을 훔치는 것이다. 그러므로 다른 사람을 속이는 사람은 스스로 지혜가 없다는 것을 증명하는 셈이다.

❀ 촛불은 입으로 불어 끌 수 있지만 빛의 본질은 끄지 못한다.

❀ 빛 뒤에 어둠이 숨어 있는 것처럼, 어둠 뒤에는 빛이 숨어 있다.

❀ 작대기로는 어둠을 몰아 내지 못한다.

❀ 밤은, 아무리 달이 밝은 밤이라고 하더라도 여전히 밤이다. 마찬가지로 완전한 깨달음을 얻지 못한 사람은 학식이 어느 정도 있어도 무지한 사람이다.

❀ 만약 창조주의 사랑을 믿는다면 삶에서 질문이 생기지 않을 것이다. 그러나 믿지 않는다면 삶에 답이 없을 것이다.

❀ 인간은 신의 도움이 없이는 문지방도 넘어가지 못한다. 그러나 신의 도움을 받으면 바다도 가로질러 건너갈 수 있다.

❀ 기적을 믿고 동경하는 사람은 어리석은 사람이다. 그러나 성자들이 기적을 일으킬 수 있다는 것을 믿지 않는 사람은 이교도에 지나지 않는다.

❀ 고통이 찾아왔을 때 "이것은 나쁘다"라고 말해서는 안 된다. 왜냐하면 하느님께서 하시는 일 가운데에는 나쁜 것이 없기 때문이다. 그 대신 "이것은 쓰다"라고 말하도록 하라. 왜냐하면 가장 좋은 약 가운데에는 쓴 약이 포함되어 있기 때문이다.

❀ 사람에게 행할 수 있는 가장 가혹한 탄압은 그 사람의 믿음을 짓밟아 빼앗는 것이다.

❀ 거짓말을 하지 않으려고 애쓰는 것보다는 순간순간 신을 찬양하는 것이 더 효과적이다. 신을 찬양하고 있는 동안에는 거짓말을 할 수 없

기 때문이다.

❀ 약이 어떻게 해서 병을 낫게 하는지 모든 과정을 다 알지 못해도, 좋은 약을 먹으면 병이 낫는다. 마찬가지로 신앙이 사람을 어떻게 변화시키는지 꼬치꼬치 캐묻지 않아도, 단순하고 명료한 신앙은 우리를 보석처럼 귀한 존재로 변화시킨다.

❀ 이 세상의 모든 왕관은 때가 되면 버려져서 땅에 나뒹굴게 된다. 그러나 진리의 왕관은 영원히 찬란함을 잃지 않는다.

❀ 이 세상에 있는 모든 것은 모방할 수 있다. 그러나 진리는 모방하지 못한다. 모방하거나 꾸민 것은 진리가 아니다.

❀ 진리는 오직 하나이다. 여러 개의 진리가 있다면 그것은 덩치가 큰 거짓말에 지나지 않는다.

❀ "주께서 좋은 것을 내려 주시니, 우리의 땅에서 진리가 솟아난다."(시 85:12) 만약 이 말이 사실이라면 사람들은 왜 땅에서 이 귀한 보물을 거두어들이지 못하는가? 게을러서 허리를 굽히지 않기 때문이다.

❀ 나는 진리를 찾기 위해 21년 동안 노력했다. 처음 7년 동안은 진리가 무엇인지 알기 위해서 애썼고, 다음 7년 동안은 거짓을 몰아내기 위해 애썼으며, 마지막 7년 동안은 내면을 진리로 채우기 위해 애썼다.

❀ 진리를 사랑하는 것과 거짓을 미워하는 것은 같은 것이 아니다. 거짓을 미워하는 사람은 세상 전체를 증오한다. 이 세상에 조금이라도 거짓이 없는 사람은 없기 때문이다. 그러나 진리를 사랑하는 사람은 세상 전체를 사랑한다. 작은 조각일지라도 진리를 간직하고 있지 않은 사람은 없기 때문이다.

❀ 거짓을 사랑하는 사람은 많다. 그러나 진리를 사랑하는 사람은 아

주 적다. 그것은 거짓을 진정으로 사랑하기는 쉬워도 진리를 거짓으로 사랑할 수는 없기 때문이다.

❀ 아무것도 믿지 않는 것보다 말도 안 되는 거짓말일지라도 믿는 편이 낫다. 모든 것을 믿다 보면 진리도 믿게 될 것이기 때문이다.

❀ 거짓말쟁이는 다른 사람이 자기를 의심하는 것을 가장 참지 못한다.

❀ 입에서 거짓말이 나오는 것보다는 육체에서 영혼이 빠져나가는 편이 더 낫다.

❀ 어떤 집단에 소속된 사람들이 거짓말을 한다면 그들의 지도자 역시 거짓말쟁이인 것이 확실하다.

❀ 물건 값을 모르는 사람은 없다. 그러나 어떤 물건의 진정한 가치를 아는 사람은 대단히 적다. 마찬가지로 창조주가 있다는 것을 모르는 사람은 없다. 하지만 창조주의 진정한 본질을 아는 사람은 대단히 적다.

❀ 자연은 신의 현존이다.

❀ 돌멩이나 풀이나 짐승, 이 세상 그 어느 곳에도 신성이 현존하지 않는 곳은 없다.

❀ 눈에 보이지 않는 작은 먼지 하나도 신의 생명력이 없으면 날아다닐 수 없다.

돈

❀ 배부른 지갑이 훌륭하다고 할 수는 없어도 빈 지갑은 나쁘다.

❀ 성서는 빛을 던지고 돈은 따뜻함을 던진다.

❀ 무거운 돈지갑을 무겁다고 생각하는 사람은 없다.

❀ 돈은 무자비한 주인일 수도 있고 유익한 심부름꾼일 수도 있다.

❀ 돈을 가지고 있는 것은 좋다. 그러나 어떻게 쓸지를 알고 있으면 더욱 좋다.

❀ 은화는 둥글다. 이리 굴러 오는가 싶다가도 저리 굴러간다.

❀ 돈은 결코 모든 것을 좋게 하지는 않는다. 하지만 모든 것을 썩게 하는 범인도 아니다.

❀ 부자를 칭찬하는 사람은 그 사람을 칭찬하는 것이 아니라, 그가 가지고 있는 돈을 칭찬하는 것이다.

❀ 큰 부자에게는 결코 자녀가 없다. 상속자만 있을 뿐이다.

❀ 재산이 많을수록 걱정거리도 늘어나지만, 재산이 없으면 걱정거리는 더 많아진다.

❀ 가난은 수치가 아니다. 그러나 명예도 아니다.

❀ 돈은 옷과 같다. 사람이 옷을 위해서 존재하는 것이 아니라 옷이 사람을 위해서 존재하는 것처럼, 사람이 돈을 위해서 존재하는 것이 아니라 돈이 사람을 위해서 존재하는 것이다.

❀ 친구를 원수로 만드는 가장 확실한 방법은 돈을 빌려 주는 것이다.

❀ 달콤한 과일에는 벌레도 많이 붙는다. 마찬가지로 재산이 많으면 걱정거리도 많다.

❀ 돈은 악한 것도 선한 것도 아니다. 어떻게 쓰느냐에 따라 악한 것이 될 수도 있고 선한 것이 될 수도 있다.

❀ 돈은 대가 없이 주는 것보다 빌려 주는 편이 낫다. 거저 주면 받는 사람이 주는 사람보다 아래에 있어야 하지만 빌려 주면 대등한 입장이 되기 때문이다.

❀ 돈을 빌려 줄 때에는 증인을 세워라. 그러나 그냥 줄 때에는 다른

사람이 있어서는 안 된다.

❀ 부자도 굶을 때가 있다. 의사가 그런 처방을 내린다면.

❀ 어떤 사람에게 돈을 빌려 주었는데 그가 진짜로 돈을 갚을 수 없음을 알았다면 그의 집 근처에도 가면 안 된다.

일상생활

❀ 재판소에서 벌금을 물었거든 나올 때는 휘파람을 불면서 나오라. 찡그리고 나온다고 그 돈을 다시 돌려 받을 수 있는 것은 아니다.

❀ 행복해지려면 만족에서 멀어져야 한다.

❀ 이미 해 버린 일을 후회하는 것보다는 하고 싶었는데도 하지 못한 것을 후회하는 마음이 더 괴롭다.

❀ 포도송이는 크면 클수록 아래로 처진다.

❀ 밥상 앞에서 손님이 헛기침을 하거든 숟가락을 드려라.

❀ 사람은 쇳덩이도 마음대로 주무를 수 있지만, 파리 한 마리 때문에 죽을 수도 있다.

❀ 사람은 넘어지면 돌을 탓한다. 돌이 없으면 비탈을 탓한다. 비탈도 없으면 신고 있는 구두를 탓한다. 자기 자신을 탓하는 사람은 찾아보기 힘들다.

❀ 저지른 행위는 언제까지나 남아 있지만 사람은 날마다 변한다. 그러므로 죄는 미워하되 사람은 미워하지 말아라.

❀ 다른 사람이 모두 옷을 벗고 있을 때에는 옷을 입지 마라. 다른 사람이 모두 앉아 있을 때에는 일어서지 마라. 다를 사람이 모두 서 있을 때에는 앉지 마라. 다른 사람이 모두 울고 있을 때에는 웃지 마라. 다른

사람이 모두 웃고 있을 때에는 울지 마라.

✤ 반성하는 사람이 서 있는 땅은 가장 위대한 라비가 서 있는 땅보다 더 소중하다.

✤ 손가락이 자유롭게 구부러지는 것은 남을 헐뜯는 소문이 들릴 때 얼른 귀를 막기 위함이다.

✤ 하느님은 사람을 보실 때 먼저 가슴을 보시고, 그 다음에 머리를 보신다.

✤ 지혜가 덕보다 더 중요하다고 생각하는 사람은 지혜마저 잃게 된다.

✤ 천국의 한 모퉁이는 기도는 드릴 수 없었어도 울 수는 있었던 사람들을 위해 마련되어 있다.

✤ 행복에서 불행으로 바뀌는 데에는 한 순간이면 족하다. 그러나 불행에서 행복으로 옮기기 위해서는 영원한 시간이 필요할 수도 있다.

✤ 어리석은 사람은 가지고 있는 것은 소홀히하면서 없는 것을 탐낸다.

✤ 천국의 문은 기도에 대해서는 닫혀 있어도 눈물에 대해서는 열려 있다.

✤ 만약 한쪽 다리가 부러지면 두 다리 모두 부러지지 않은 것에 대해 감사를 드려라. 만약 두 다리가 모두 부러지면 목이 부러지지 않은 것에 대해 감사를 드려라. 목이 부러질 것에 대해서는 걱정할 필요가 없다. 만약 목이 부러진다면 그때는 걱정할 수도 없을 테니까.

✤ 사람들은 어떤 사람을 정직한 사람이라고 말하지만, 훔칠 기회가 없었기 때문에 훔치지 못한 것일 수도 있다.

✤ 노예도 현실에 만족하면 자유인이고, 자유인이라도 현실에 만족하지 못하면 노예이다.

❀ 의지의 주인이 되고, 양심의 노예가 되어라.

❀ 지나친 겸손은 오만함과 통한다.

교육

❀ 돈을 빌려 달라는 것은 거절해도 좋으나 책을 빌려 달라는 것은 거절하면 안 된다.

❀ 책을 읽는 사람들은 대부분 스스로 생각하기가 싫어서 대신 책을 읽는 경우가 많다.

❀ 기도 시간은 짧게 잡고 배우는 시간은 길게 잡으라.

❀ 아이에게 한 약속을 지키지 않는 것은, 아이에게 거짓말을 가르치는 것이다.

❀ 그대의 혀에게 '나는 모르겠는데요' 라는 말을 열심히 가르쳐라.

❀ 아주 어리석은 사람보다 반쯤 어리석은 사람이 더 어리석다.

❀ 완전히 침몰한 배는 다른 배의 항해를 방해하지 않는다. 그러나 반쯤 가라앉은 배는 다른 배의 항해를 방해한다.

❀ 수염이 있다고 염소가 라비가 되는 것은 아니다.

❀ 당나귀는 예루살렘에 가도 당나귀이다.

❀ 사람은 20년 걸려서 배운 것을 2년 안에 잊어버릴 수 있다.

❀ 어머니의 눈은 유리로 되어 있다. 그래서 자기 자식의 결점이 보이지 않는다.

❀ 세월이 지난다고 누구나 어른이 되는 것은 아니다. 지혜를 얻지 못하면 아이가 나이를 먹어 갈 뿐이다.

❀ 동전이 한 개 들어 있는 항아리는 시끄럽게 소리를 내지만, 동전이

가득 찬 항아리는 흔들어도 소리가 나지 않는다.

❀ 감탄은 무엇을 오래 기억하도록 도와 준다.

❀ 먹는 기름보다 등불 기름에 더 많은 돈을 쓰지 않으면 지혜를 얻지 못한다.

❀ 공부하는 데 지나치게 몰두하다 보면 진실을 알 틈이 없어지는 경우도 있다.

❀ 그저 책을 이리저리 운반하고만 있는 당나귀와 같은 학자도 있다.

❀ 게으름뱅이에게는 머리가, 장님이 가지고 있는 횃불과 같다. 그것은 아무 의미도 없이 무겁기만 할 뿐이다.

❀ 글을 쓰는 것은 수표를 끊는 것과 같다. 자기 생각이 없으면서도 글을 쓰는 것은 은행에 잔고가 없는데 수표를 끊는 것과 같다.

❀ 왕은 나라를 지배하고, 현자는 왕을 지배한다.

❀ 유능한 사람 다섯이 무능한 사람 5백 명보다 낫다.

❀ 열매를 많이 맺은 나무는 바람에 흔들리지 않는다.

❀ 사람에 따라서는 구두를 닮은 사람이 있다. 싸면 쌀수록 요란하게 삐걱거린다.

❀ 현명한 아들은 아버지를 기쁘게 하고, 미련한 자식은 어머니를 슬프게 한다.

❀ 사람들이 아이들을 좋아하는 이유는, 아이들은 결점을 날카롭게 지적하는 법이 없기 때문이다.

❀ 만약 나이 먹는 것이 싫거든 목을 매달아라.

❀ 없을 물건보다 더 값비싼 선반을 만들지 마라. 선반이 비싸다고 그 위에 얹은 물건이 귀해지는 것은 아니다.

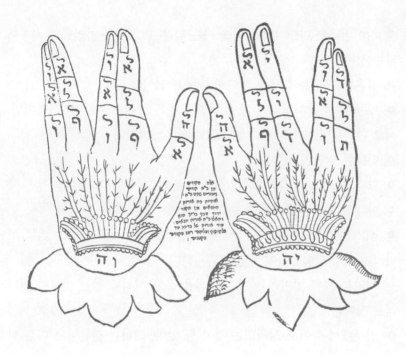

남자와 여자

✿ 정열은 불이다. 불처럼 없어서는 안 되는 것이지만 불만큼 위험하기도 하다.

✿ 연애는 잼처럼 달고 버터처럼 부드럽지만, 빵 없이 잼과 버터만으로는 살지 못한다.

✿ 부드러운 흙으로 만들어진 남자를 즐겁게 하는 것이 단단한 뼈로 만들어진 여자를 즐겁게 하는 것보다 훨씬 간단하다.

✿ 여자는 남자보다 일찍 결혼하는 것이 좋다. 못된 짓을 하면 남자보다 여자에게 훨씬 더 나쁜 소문이 나기 때문이다.

❀ 시어머니와 며느리가 한집에 사는 것은 고양이 두 마리를 한자루에 넣는 것과도 같다.

❀ 결혼할 때에는 걸어라. 이혼할 때에는 뛰어라.

❀ 부부가 서로 사랑하면 칼날 폭만큼 좁은 침대에서도 잘 수 있지만, 서로 미워하면 10미터짜리 침대도 비좁게 느껴진다.

❀ 아내는 남편의 집이다.

❀ 그대의 아내가 키가 작다면 허리를 굽혀 그녀에게 속삭여라.

❀ 아내가 악처라면 이혼은 종교적인 의무이다.

❀ 섹스는 시냇물과 같다. 적당하면 생명을 풍성하게 하지만 너무 지나치게 세차면 범람하여 생명을 파괴한다.

❀ 여자와 싸워 이기려는 것은 우산을 쓰고 샤워를 하는 것처럼 어리석은 짓이다.

❀ 인생에서 늦어도 상관없는 것이 둘 있다. 하나는 결혼이고 다른 하나는 죽음이다.

❀ 미인은 쳐다보는 대상이지 결혼 상대는 아니다.

❀ 모든 신부는 아름다워 보이고 모든 죽은 자도 정중해 보인다. 그러나 모든 결혼이 다 경사스럽고 모든 죽음이 다 경건한 것은 아니다.

❀ 사랑에 빠져 있는 사람은 다른 사람의 충고를 듣지 않는다.

❀ 여자가 술을 한 잔 마시는 것은 좋은 일이다. 그러나 두 잔을 마시면 품위가 떨어지고, 석 잔을 마시면 부도덕하게 되며, 넉 잔을 마시면 자멸하게 된다.

❀ 남자는 우선 집을 짓고 포도원을 만들고 그리고 나서 아내를 맞이해야 한다. 이 차례를 거꾸로 하면 안 된다.

❀ 열 나라를 아는 것이 자기 아내를 알기보다 쉽다.

❀ 누군가와 사랑에 빠져 정신이 없다면, 그것이 상대방에 대한 사랑인지 아니면 자기 자신에 대한 사랑인지 잘 생각해 보아야 한다.

❀ 기침, 가난, 연애 이 세 가지는 아무리 숨기려 해도 숨길 수 없다.

❀ 여자를 판단하는 데에는 세 가지 척도가 있다. 요리, 옷, 남편이 그것이다. 이 셋은 모두 여자가 만드는 것이다.

입과 혀

❀ 침묵은 현명한 사람에게 좋다. 그러니 어리석은 사람에게는 얼마나 더 좋겠는가?

❀ 당나귀는 길다란 귀로 가려낼 수 있고, 어리석은 사람은 길다란 혀로 가려낼 수 있다.

❀ 혀는 뼈가 없다. 그러므로 잘 간수하지 않으면 제멋대로 논다.

❀ 지혜를 지키는 울타리는 침묵이다.

❀ 술이 머리로 들어가면 비밀이 밖으로 밀려 나온다.

❀ 거짓을 말하면 안 된다. 그런데 진실이라도 말하면 안 되는 경우가 있다.

❀ 뛰어난 기억력이 없다면 거짓말을 하지 마라.

❀ 진실을 말하는 것의 이점은 무슨 말을 했는가를 기억하고 있을 필요가 없다는 것이다.

❀ 말다툼은 샘의 구멍과 같다. 물이 흐르면 흐를수록 샘의 구멍은 넓어진다.

❀ 그대의 친구에게는 다른 친구가 있고, 그 다른 친구에게는 또 다른

친구가 있다. 그러므로 친구에게 말하는 것을 조심하라.

❀ 물고기는 언제나 입으로 낚인다. 사람 역시 입으로 걸린다.

❀ 현인은 눈으로 본 것을 이야기하고, 어리석은 사람은 귀로 들은 것을 이야기한다.

❀ 혀는 마음의 펜이다.

❀ 성질이 나쁜 혀는 성질이 나쁜 손보다 더 나쁘다.

❀ 슬기로운 말보다 슬기로운 행위가 더 힘이 있다.

❀ 하나의 예를 드는 것은 하나의 예를 드는 것에 지나지 않는다.

❀ 말은 약과 같다. 신중하게 달아서 꼭 맞는 양을 사용하지 않으면 오히려 해가 된다.

❀ 맞은 아픔은 시간이 지나면 없어지지만 모욕감을 주는 말은 영원히 남는다.

❀ 말은 그대의 입 안에 있는 동안에는 그대의 노예이지만, 일단 밖으로 나오면 그대의 주인이 된다.

❀ 여자의 혀를 자르기 전에는 여자에게 비밀을 이야기하지 마라.

❀ 아무리 지혜롭고 착하더라도 입이 가벼우면 가죽 무두질하는 집 옆에 아름다운 궁전이 있는 것과 같다. 궁전이 아무리 화려하고 장엄하더라도 이 하나의 결점 때문에 아름다움을 잃어버리고 만다.

❀ 모든 거짓말은 금지되어 있지만, 하나의 예외가 있다. 평화를 가져오기 위해 하는 거짓말이다.

❀ 처녀에 대해서는 그 어머니의 말을 믿으면 안 된다. 이웃 사람들의 말을 믿으라.

❀ 말이 많고 어리석은 사람은 고장난 시계가 계속 틀린 시간을 가리

키고 있는 것과 같고, 잠자코 있는 어리석은 사람은 망가져 움직이지 않는 시계와 같다. 후자 쪽이 훨씬 낫다.

✿ 다투고 있는 사람을 화해시키는 가장 좋은 방법은 침묵을 지키는 것이다.

인간 관계

✿ 친구는 불붙은 석탄과 같다. 적당히 다가가지 않으면 따뜻해지지 않는다. 그러나 너무 가까이 다가가면 화상을 입는다.

✿ 염소에게는 앞으로 다가가지 마라. 말에게는 뒤로 다가가지 마라. 술집 여자에게는 어떤 방향에서도 다가가지 마라.

✿ 향수 가게에 들어갔다 나오면 몸에서 향수 냄새가 난다.

✿ 빗자루로 마루 밑을 쓸어 낼 수 있지만, 청소를 하고 나면 빗자루도 더러워진다.

✿ 생선과 손님은 사흘이 지나면 악취를 풍기기 시작한다.

✿ 손님은 비와 같다. 적당히 내리면 기분이 좋지만 그치지 않고 계속 내리면 힘들어진다.

✿ 평판은 가장 정확한 소개장이다.

✿ 욕심이 많은 사람은 친구의 수입에만 신경을 쓰고, 자신의 낭비에 는 신경을 쓰지 않는다.

✿ 친구의 분별 없는 한 마디가 다른 사람의 백만 마디 험담보다 더 큰 상처를 준다

✿ 사람을 한 쪽 손으로 밀 때 다른 쪽 손으로는 그를 잡아당겨라.

✿ 적에게 숨기지 않으면 안 되는 비밀은 친구에게도 숨겨라.

❀ 처음 만나는 사람에게는 경의를 표하라. 그러나 그만큼 의심도 하라.

❀ 어리석은 사람이 없어지기를 바라지 마라. 어리석은 사람이 있기 때문에 그대가 현명해지는 것이다.

❀ 거짓말을 해서 자기 동료의 마음을 훔치는 사람이 가장 질이 나쁜 도둑이다.

❀ 아내를 고를 때는 한 계단 내려가고, 친구를 고를 때는 한 계단 올라가라.

❀ 친구에게 있는 것이 꿀처럼 달더라도 전부 핥아 먹어서는 안 된다.

❀ 현명한 적은 사람을 현명하게 하지만, 어리석은 친구는 사람을 어리석게 만든다.

❀ 어떤 사람에게 한 번 속으면 그 사람을 저주하라. 만일 같은 사람에게 두 번 속았다면 자기를 저주하라.

❀ 마늘을 먹을 때에는 같이 있는 사람과 함께 먹으라.

❀ 세상에는 의견을 물어서는 안 되는 것 세 가지가 있다. 겁쟁이에게 전쟁에 대해서, 장사꾼에게 이익에 대해서, 여자에게 그녀의 친구에 대해서.

삶의 지혜

❀ 먼 곳에 있는 의사는 장님과 마찬가지이다.

❀ 의사가 사회적인 중책을 맡고 있다면 그에게 치료를 부탁하지 마라. 그는 너무 바빠서 충실하게 치료하지 못한다.

❀ 꿈은 해몽이 중요하다.

❀ 정의를 지키는 것은 성전에 제물을 바치는 것보다 가치가 있다.

✿ 하늘을 빼고는 모든 것이 하늘 아래에 있다.

✿ 한 번의 용서가 102번의 징벌보다 힘이 있다.

✿ 비록 990명의 천사가 한 사람의 유죄를 결정하였더라도, 단 한 명의 천사가 그의 무죄를 변호할 수 있다.

✿ 구원의 천사 100명보다 의인 한 사람이 더 위대하다.

✿ 인생이, 벽이나 나무가 드리우는 그림자만 같아도 좋을 것이다. 그러나 인생은 날아가는 새의 그림자와 같다.

✿ 항해를 마치고 무사히 귀항하는 배를 축하하고 환영하듯이, 죽음을 축하하고 환영하라.

✿ 꽃양배추 잎에 붙어 사는 벌레는 꽃양배추가 이 세상의 전부라고 생각한다.

✿ 악에 대한 충동은 처음에는 여자처럼 부드럽지만, 나중에는 남자처럼 강해진다.

✿ 악을 행하고자 하는 충동은 처음에는 거미줄처럼 약하지만, 나중에는 배를 묶는 밧줄처럼 강해진다.

✿ 악마가 너무 바빠서 사람을 방문할 수 없을 때에는 자기 대신 술을 보낸다.

✿ 재판관은 항상 목에 칼이 겨누어져 있고 발 아래 지옥이 입을 벌리고 있다고 생각하라.

✿ 하느님도 혼자서 판결을 내리지는 않는다. 하느님은 천사들을 모아놓고 그 가운데에서 재판하신다.

✿ 죄없는 사람을 무죄로 해 달라고 뇌물을 주는 사람은 없다. 또 범죄자를 유죄로 해달라고 뇌물을 주는 사람도 없다.

נחלת יי בנים שכר פרי הבטן לכה עקרה ילדה שבעה

ספר
נחלת שבעה

הכינו ונס סקרו חכרו וים לאחד מן המורים אשר
רכים לתשאעתו סריס · לשמוע מיהכו דברי להים
קיים סופר מה"ר בתזרת אלהים · תופלא ויופלא
בין החכמי'ס החכס השלם · האלוף המרומס
כ"י פ"ה עמוד קיימי' · התעורני הרבני אב"ד ונ"ע
) כמוהר"ר שמוז בכמ"ר דוד הלוי
נר"ו (והוא ספר יקר הערך · כולל דכתי העור
א"ט ושלחן ערוך · בעניני נטין וקדושין · אשר
לא הלכו כו כיושן · ולא היה לעולם ס חיים
קדמונים · נס יסוד חוסד על כל תיקוני שטרות
תועלת למופרים דייכים · אם תחפשבנו תחלאו כו
מעיובים · כתלמוד ובפוסקים ידת לנרב · נפלפל
נתרימות בטוב דברי הפוסקים ערוך כלחמה
וקרב · הראה כל חלקי הסותר · קולס ופוזר ·
שעשה שלוס בין הפוסקים בחסוכים ותחוכים
והתעולת ידאו החע"יכ' בהקדל'ת סיוחכר כמיו'ם

לפ"ס נאג'ת משיח בן דוד בא ל'יק
באמשטרלרם בנית
אורי ויבש בל א"א ההב ר האהרן פליה
ולה"ח:

❀ 무슨 일이든 중요한 것은 질문이 아니라 행동이다.

❀ 두 손에 자기 마음을 바치지 않는 기도는 하느님이 듣지 않는다.

❀ 악한 충동은 처음에는 지나가는 행인과 같고, 시간이 조금 지나면 하숙하는 사람과 같으며, 나중에는 집주인과 같다.

❀ 악한 사람은 악한 자기 마음의 지배를 받지만 정의로운 사람은 자기의 마음을 지배한다.

❀ 악한 충동은 일흔이나 여든 살 때에도 사람을 타락하게 할 수 있다.

❀ 마음이 휴식하고 있지 않는 사람의 기도는 하느님이 듣지 않는다.

❀ 네 자신의 명예를 소중히 생각하듯이 다른 사람의 명예도 소중하게 생각하라.

❀ 아침에 늦게 일어나고 낮에는 술을 마시며 저녁에는 쓸데없는 이야기로 시간을 보내면, 일생을 간단히 헛되게 보낼 수 있다.

❀ 남을 헐뜯는 소문은 살인보다 위험하다. 살인은 한 사람만 죽이지만 헐뜯는 소문은 세 사람을 죽이기 때문이다. 소문을 퍼뜨리는 사람, 그것을 들어주는 사람, 그 소문의 당사자.

❀ 사람이 상황에 따라 명예로워지는 것이 아니라, 인품이 훌륭한 사람이 어떤 상황을 명예롭게 하는 것이다.

❀ 꾀가 많은 사람과 현명한 사람은 차이가 있다. 꾀가 많은 사람은 어려운 상황에서 요령 좋게 빠져 나가지만, 현명한 사람은 애당초 그런 상황에 빠지지 않는다.

❀ 공짜로 처방전을 써 주는 의사의 말은 믿지 마라. 세상에 공짜는 없는 법이다.

❀ 촛불 한 개로 여러 개의 초에 불을 붙여도 처음 초의 빛이 약해지지

는 않는다.

❀ 수치를 모르는 것과 자부심은 형제이다.

❀ 날마다 오늘이 인생의 마지막 날이라고 생각하라. 날마다 오늘이 인생의 맨 처음 날이라고 생각하라. 천 년 만 년을 산다고 해도 그대가 사는 날은 늘 오늘뿐이다.

❀ 자비를 구하는 사람에게 문을 닫은 사람은, 다음에는 의사를 위하여 문을 열지 않으면 안 된다.

❀ 좋은 항아리가 있다면 오늘 그것을 사용하라. 내일이면 깨어질지도 모른다.

❀ 정직한 사람은 욕망을 조절하지만, 정직하지 않은 사람은 욕망에 조종된다.

❀ 명성을 얻으려고 좇는 사람은 명성을 잡지 못한다. 그러나 명성에서 도망치려고 달리는 사람은 명성에 붙잡힌다.

❀ 유대인이 안식일을 지켜 왔다기보다, 안식일의 휴식이 유대인을 지켜 왔다.

❀ 기적을 바라도 좋다. 그러나 기적에 의지하지는 마라.

❀ 어떤 사람이 원하고 있는 것을 하느님께서 이루어 주시면 사람들은 그것을 기적이라고 한다. 그러나 하느님께서 원하시는 것을 사람이 이루면 그것은 더 큰 기적이다.

❀ 돈을 시간보다 더 귀중히 여기는 사람은, 그 때문에 잃어버린 시간을 돈을 주고도 사지 못한다.

❀ 아무리 길고 훌륭한 사슬이라도 고리 한 개가 부서지면 쓸모가 없어진다.

❀ 성공의 문은 자동으로 열리지 않는다. 밀든가 당기든가 하지 않으면 안 된다.

❀ 선장은 한 배에 한 사람만 있으면 된다.

❀ 말을 매어 수레를 끌게 할 수 있다. 소가 수레를 끌게 할 수도 있다. 하지만 소와 말을 같은 수레에 매어서는 안 된다.

❀ 땅바닥에 엎드리면 넘어져 코가 깨지는 일은 없다.

❀ 법은 존중하되 재판관은 존중하지 마라.

❀ 서두르지 마라. 속도가 필요한 경우는 파리를 잡을 때뿐이다.

❀ 천사라고 하더라도 두 가지 일을 동시에 하지는 못한다.

❀ 돈은 모을 수 있으나 시간은 모을 수 없다. 돈은 빌릴 수 있으나 시간은 빌릴 수 없다. 그러므로 시간은 돈보다 훨씬 귀중하다.

❀ 웃음은 기호품이 아니라 주식이다.

❀ 해는 그대가 없어도 떠오르고 또 진다.

שפך

חמתך על הגוים אשר לא ידעוך

ועל הממלכות אשר בשמך לא

קראו

제2부

1장 유대인은 탈무드를 만들고
탈무드는 유대인을 만든다

1. 탈무드의 민족 유대인

1) 교리가 없는 종교

유대교에는 교리가 없다. 어떻게 교리 없는 종교가 있을 수 있겠는가? 의아하지만 사실이 그렇다. 구약성서라는 율법이 있지만 구약의 율법 조항들은 하나의 명제 역할만 한다. 그 조항들을 실제 생활에 적용시키기 위해서는 그에 대한 해석이 뒤따라야 하는데, 그 해석이 천가지 만 가지로 다양하다. 소위 정통적인 해석이라는 것이 없다.

이렇게 된 데에는 역사적인 이유가 있다. 수천 년 동안 유대인은 나라를 잃고 세계 여러 곳에 흩어져 살았다. 유대인이 발을 붙이고 살지 않은 나라가 거의 없다. 그들이 이주해 간 나라마다 또 지방마다 법이 다르고 문화가 달랐다. 이런 상황에서 어떤 정통 교리를 만들어 놓고 천편일률적으로 적용한다는 것은 불가능했다. 만약 그랬다면 유대인은 살아 남지 못했을 것이다.

　각 지역에 있는 유대인 공동체에서는 저마다 라비들을 중심으로 자기들의 환경에 맞도록 율법을 해석하고 적용했다. 그래서 논쟁과 토론이 그치지를 않았다. 유대인의 삶에 가장 큰 힘으로 작용하는 탈무드도 수많은 논쟁과 토론의 기록이다. 그들은 논쟁과 토론을 하되 한 가지 결론에 도달하는 것을 목적으로 삼지 않는다. 어떤 문제에 대해 소수의 의견과 다수의 의견은 있을지라도, 어떤 견해는 틀리고 어떤 견해는 맞다는 식의 선을 긋지 않는다. 이런 탄력성이, 다양한 환경 속에서 유대인이 유대인으로서의 동질성을 잃지 않고 살아 남을 수 있는 비결이었다.

　탈무드는 마지막 페이지가 비어 있는 책이다. 처음 출판할 때부터 지금까지 마지막 페이지는 늘 백지로 남겨져 있다. 그 자리에 자신의 견해를 써 넣으라는 뜻이다. 그래서 탈무드는 완성된 책이 아니라 지금도 만들어지고 있는 책이다. 이것은 탈무드가 결론과 해답을 제공하는 책이 아니라, 자신의 문제에 대해 스스로 생각하고 결정하는 힘을 기를 수 있도록 생각의 자료를 제공하는 책이라는 사실을 말해 준다. 그래서 학생들은 둘이나 셋 또는 몇 명이 그룹을 만들어서 토론 방식으로 탈무드를 공부한다. 혼자 공부하는 법이 없다. 탈무드 자체도 그러하지만 공부하는 방식도 주입식이 아니다. 누구나 자기 의견을 제시할 수 있고, 어떤 의견에 대해서도 틀리거나 맞다고 결정짓지 않는다. 일종의 브레인스토밍인 셈이다.

　탈무드는 5천 년 동안 수십만에 이르는 유대인 현인들이 전개한 논쟁의 기록이다. 그 안에는 율법, 경구, 우화, 속담, 논쟁, 유머, 공상 등 인간의 삶에 존재하는 거의 모든 것이 들어 있다. 그래서 다방면에 방대한 지식을 가지고 있는 백과사전적인 사람을 영어로는 '탈무딕 퍼슨(talmudic person, 탈무드적인 사람)'이라고 한다. 그만큼 탈무드에서는 다루어지지 않은 문제가 없다는 뜻이다. 그러나 진짜로 '탈무드적인 사람'은 백과사전적인 지식을 가지고 있는 사람이기보다는, 어떤 문제에 대해 여러 가지 가능성을 예측하고 스스로 자기 생각을 결정할 수 있는 사람을 가리킨다.

2) 답을 주는 것이 아니라 질문을 던진다

탈무드에는 UFO와 같은 '하늘을 나는 요새'에 대한 이야기도 나오고, 바다 밑을 '물고기처럼 헤엄치는 배'에 대한 이야기도 나온다. 물론 당시에는 잠수함이 없었다. 심지어 '바늘 끝에 천사가 몇 명 앉을 수 있는가?'라는 문제를 놓고 수많은 라비가 오랫동안 논쟁을 벌이기도 하고, '악령들의 수는 얼마나 되는가?'라는 문제가 상당히 오랜 세월 동안 토론의 주제가 되기도 한다.

"악령들이 인간의 눈에 보이지 않는 것은 하느님의 축복이다. 만약 인간에게 악령을 볼 수 있는 능력이 있었다면, 악령들 때문에 아무도 견디지 못했을 것이다. 한 라비가 '그들은 우리보다 수가 많고, 들판을 둘러싼 산등성이처럼 우리를 둘러싸고 있다.'고 말했다. 그러자 다른 라비가 말하기를 '누구에게나 왼편에 천 명, 오른편에 천 명의 악귀가 따라다닌다.'고 했다. 세 번째 라비는 '대중을 상대로 강연을 할 때 소란스러워지는 것은 그들 탓이다. 그들 때문에 무릎에 피로가 쌓이고, 라비들의 옷이 닳아 떨어지는 것도 그들과의 마찰 때문이다. 그들과 부덮쳐서 다리에 멍이 들기도 한다.'고 말했다."

위의 글은 탈무드에 나오는 악령의 수에 관한 논쟁 부분에서 뽑은 구절이다. 악령의 기원에 대해 제시된 견해 가운데에는 다음과 같은 것도 있다. "숫하이에나는 7년 후에 박쥐가 되고, 박쥐는 7년 후에 흡혈귀가 되며, 흡혈귀는 7년 후에 쐐기풀이 되고, 쐐기풀은 7년 후에 가시뱀이 되고, 가시뱀은 7년 후에 악령이 된다."

별별 문제를 다 꺼내 놓고 이런 식의 논쟁을 전개하는 것이 우스꽝스럽지 않은가? 만약 우리나라의 아이가 부모에게 이런 질문을 한다면 부모의 반응은 어떨까? "쓸데없는 소리 그만하고 공부나 해!" 아니면 "말도 안 되는 소리는 그만해라. 그런 생각을 한다고 밥이 나오니, 돈이 나오니?" 정도가 아닐까? 그런데 유대인들은 수천 년을 두고 이런 문제에 대해 토론했다. 그들은, 삶에는 미리 정해진 답이 없고, 상황 상황에 따라서 스스로 답을 찾아 나가야 한다는 생각을 가지고 살았다. 그러므로 탈무드에 기록되어 있는 수많은 토론은 자기의 길을 찾기 위한 훈련의 흔적이라고 보아야 한다. "자식에게 물고기를 잡아 주지 말고, 물고기 잡는 법을 가르쳐라."라는 속담이 그들의 생각과 삶의 방식을 한 마디로 표현해 주고 있다.

앞의 "자네는 아직 멀었네"라는 글에서, 탈무드를 열심히 공부했다고 확신하는 젊은이에게 라비는 아직 멀었다며 다음과 같이 말했다.

"책을 많이 읽어도 그저 읽기만 해 가지고는 당나귀가 책을 등에 싣고 가는 것이나 다름이 없다. 당나귀가 아무리 많은 책을 등에 지고 있다고 해도 그것은 당나귀 자신에게는 도움은커녕 짐만 될 뿐이다. 책은 대답을 얻기 위해서 읽는 것이 아니라, 질문을 받고 스스로 거기에 대

192

한 자기 생각을 정리하기 위해서 읽는 것이다."

3) 탈무드는 '현재'의 책이다

탈무드는 거의 대부분 논쟁으로 이루어져 있다. 수많은 현자들이 논쟁에 참여하고 있는데, 그들의 말을 기록할 때에는 언제나 "아키바는 말한다." 또는 "라비는 말한다."라는 식으로 현재형을 쓰고 있다. 결코 "아키바가 말했다." 또는 "라비가 말했다."라고 하지 않는다. 모든 논쟁이 지금 네가 참여하고 있는 현재의 논쟁이라는 뜻이다. 그러므로 탈무드는 고전이면서도 고전이 아니다.

이 세상에서 배우는 것을 유대인만큼 중요하게 여기는 민족도 없다. 유대인은 배우는 것을 의무라고 생각하며, 의무 중에서도 가장 신성한 의무로 여긴다. 유대교에서는 배우는 것과 기도하는 것이 같은 일이다. 유대인에게는 하느님의 이름을 부르고, 무서워하고, 그 앞에 무릎을 꿇는다고 기도가 되는 것이 아니다. '기도한다'는 말이 히브리어로는 '히트 파렐'인데, 글자대로의 뜻은 '스스로 가치를 재어 본다.'이다. 하느님께 맹종하는 것이 아니라, 스스로 하느님을 이해한 다음에 하느님의 뜻에 따르도록 노력해야 한다는 생각이 반영된 말이다.

어떤 질문에 대해 스스로 답을 찾아 나가는 사고 훈련, 이것이 유대인 교육의 특징이다. 몇 천 년을 이런 식으로 살아 왔으니 유대인의 두뇌가 다른 민족보다 발달했을 것은 자명한 일이다. 미국의 한 고등학교에서 조사한 결과에 따르면, 유대인 학생들의 IQ가 다른 민족 학생들보다 평균 11.8퍼센트나 높게 나왔다. 또 미국에서 유대인이 차지하는 인구 비율은 3.2퍼센트밖에 되지 않는데, 미국 대학원생의 29퍼센트가 유대인이라는 조사 결과도 있다.

유대인 사회에서는 학자가 가장 존경받는 인물이다. 딸을 가진 유대인 부모는 학자에게 딸을 시집 보내기 위해서라면 전재산을 바쳐도 좋다는 신념을 가지고 있다. 군인이나 정치가 또는 위대한 부를 이룬 사업가라 할지라도 유대인 사회에서의 사회적 지위는 학자 다음이다. 예루살렘이 로마군에게 포위되어 함락 직전에 놓이게 되자 유대인은 한 가지 항복 조건을 내놓았다. 그것은 항복한 뒤에도 학교만은 계속 문을 열 수 있도록 해 달라는 것이었다.

유대교에는 결정적인 단계에 도달했다는 뜻의 '깨달음'이라는 개념이 없다. 유대인은 무엇을 습득하려고 결정적인 단계에 도달하는 것이 아니라, 끊임없이 배우고 익혀서 새로운 세계를 열어 간다는 믿음을 가지고 있다. 그래서 유대인 가운데에서 개혁주의적인 사상가가 많이 나왔다. 현대 서구 세계를 이루는 데 엄청난 사상적 영향을 끼친 마르크스, 뉴턴, 프로이트, 아인슈타인 같은 사람이 모두 유대인이다. 노벨상만을 놓고 보아도, 유대인의 인구가 세계 인구의 0.4퍼센트 정도임에도 불구하고 각 부분 역대 수상자의 30퍼센트 이상이 유대인이다. 이미 정해진 것을 습득하는 데 힘을 쏟는 책상 물림식 교육이 아니라, 자기의 생각을 펼쳐 나가는 열린 배움의 자세가 이런 결과를 낳았다고 본다.

4) 권위를 인정하지 않는 사람들

탈무드는 아무리 하찮은 질문이라도 거리낌없이 할 수 있는 분위기를 제공한다. 이런 세계에는 권위주의가 없다. 누가 만들어 놓은 권위라도 의심할 자유가 있으며, 자기 의견을 내놓을 수 있다. 그래서 유대교에는 신상이나 우상이 없다. 신의 모습이나 위인의 모습을 그림으로 그리지도 않고 조각으로 만들지도 않는다. 탈무드에는 "가르침을 무턱 대고 받아들이는 사람은 권력과 자기 자신을 부패하게 한다."는 말이 있다. 유대인 가운데서 개혁적인 사상가가 많이 나온 것도 이런 토대가 있기 때문이다. 개혁이라는 것은 통상적으로 사람들이 믿고 있는 것과 는 완전히 다른, 권위를 부정하는 전혀 엉뚱한 발상에서 시작되는 것이 보통이다.

권위를 인정하지 않는다는 것은 스스로 책임을 지겠다는 뜻이다. 권 위를 인정한 뒤 이미 만들어진 규칙에 따라 살면 별로 불편할 것이 없 다. 하지만 권위를 부정하는 경우에는 자기 자신이 새로운 규칙을 만들 고, 그것의 정당성을 입증할 책임까지 떠맡게 된다. 그러므로 권위를 부 정하기 위해서는 큰 용기가 필요하다. 유대인은 어려서부터 탈무드를 통해 이런 훈련을 받는다. 그래서 세상을 진보시킨 수많은 위대한 업적 들이 유대인의 손에 의해 이루어진 것이다. 진보를 가로막는 가장 큰 장 애물이 권위라는 것을 안다면, 어째서 권위를 인정하지 않는 유대인이 세상의 진보를 위해 가장 큰 공헌을 했는가를 이해할 수 있으리라.

탈무드에 "오줌이 마려우면 변소에 가라."라는 말이 있다. 또 유대인 은 돈이나 섹스에 대해서도 조금도 거리낌이 없다. 탈무드에도 돈과 섹 스에 대한 논쟁과 가르침이 대단히 많이 나온다. 유대인들은 인간이 가 지고 있는 동물적인 측면을 전혀 부끄러워하지 않는다. 오히려 그런 것 을 가리려고 하거나, 아름답게 꾸미려고 하는 것을 경계한다. 인간은 누구나 인간일 뿐이라는 사고 방식이다. 그래서 훌륭한 사람을 존경하 기는 하지만, 그들의 권위를 인정하여 맹종하거나 굴종하지 않는다. 예를 들어 "시어머니와 며느리를 한집에 살게 하는 것은 고양이 두 마리를 한자루 속에 넣어 두는 것과 같다."는 말이 있다. 이것은 부모를 공경하지 말라는 말이 아니다. 현실을 미화하지 않고 있는 그대로 받아들이고, 그런 다음 적절한 해결책을 찾는 유대인의 지혜가 잘 드러나 있는 말이다. 그래서 유대인은 결혼을 하면 거의 무조건 부모와 떨어져 따로 살림을 차린다. 처음에 독립할 때에는 부모가 집을 장만하는 일을 최대한 도와준다.

유대인은 탈무드에 기록되어 있는 과거 현인들의 가르침을 귀중한 자산으로 생각하고, 탈무드 연구에 정열을 쏟는다. 그런데 탈무드에서는, 탈무드를 읽는 사람이 거기에 기록되어 있는 것을 무턱대고 받아들이지 말라고 엄하게 경고하고 있다. "탈무드를 외우기만 해서는 탈무드를 한 권 더 늘게 할 뿐이지 사람을 한 사람 더 만들어 내지는 못한다."는 말도 그래서 나온 말이며, 탈무드의 마지막 페이지가 백지로 남아 있는 것도 같은 의미를 담고 있다.

유대인을 일컫는 별명 가운데 '루프트 멘시' 라는 말이 있다. 이디시어로 '공기 인간' 이라는 뜻이다. 세계 여러 곳에서 특히 유럽에서 박해를 받던 유대인들은, 게토라는 유대인 거리에 갇혀 살았다. 그들에게는 하루하루 먹고 사는 것이 최대의 과제였다. 그러므로 무엇이든 기회만 있으면 그걸 최대한 이용해야 했다. 아주 조그만 틈새만 있어도 그걸 뚫고 스며들어가 발을 붙여야 했다. 그래서 공기처럼 조그만 구멍만 있어도 그걸 뚫고 스며들 수 있는 사람이라는 뜻으로 '루프트 멘시' 라는 별명이 붙었다.

'루프트 멘시' 에게는 자존심이나 체면 따위를 돌볼 여유가 없었다.

196

그랬다가는 굶어죽기 십상이었다. 그런데 자존심이나 체면을 돌보지 않는 것은, 역설적으로 대단히 자존심이 강한 사람만이 할 수 있는 일이다. 외부에서 강요하는 가치관과 척도를 철저히 무시하고, 철저하게 자신의 가치관에 따라 사는 사람이 아니고서는 체면이라는 것을 무시할 수 없기 때문이다. 유대인은 '공기 인간'이 될 수 있는 이런 힘을 어디서 얻었을까? 분명히 탈무드가 가르치는 '권위로부터의 자유'에 대한 훈련을 통해 이런 힘을 얻었을 것이다.

'루프드 멘시'는 어떤 상황에서도 좌절하여 포기하지 않는다. 영화 "쉰들러 리스트"에는 독일군의 학살에서 살아남기 위해 유대인 소년들이 똥통 속에 숨어 머리만 내놓고 있는 장면이 나온다. '루프트 멘시'가 어떤 사람인지를 보여 주는 다음과 같은 재미있는 우화가 있다.

개구리 세 마리가 어쩌다가 우유통 속에 빠졌다. 첫째 개구리는 모든 것이 팔자 소관이라고 생각하여 꼼짝도 하지 않았다. 둘째 개구리는 어떻게든 빠져 나가 보려고 발버둥을 치다가 방법이 없다는 것을 알고 포기했다. 이 두 마리는 결국 죽었다. 그러나 셋째 개구리는 '내가 실수했군. 어떻게 하면 좋지? 무슨 좋은 방법이 있을 텐데.' 하면서 포기하지 않고 코를 우유통 위로 내놓고 계속 헤엄을 쳤다. 한참을 그러고 있는데 뒷발에 뭔가 단단한 것이 닿았다. 헤엄을 치면서 우유를 휘젓고 있는 사이에 우유가 응고된 것이다. 그래서 세 번째 개구리는 우유통 속에서 무사히 빠져 나올 수 있었다.

보통 하루는 아침에 시작하여 밤에 끝난다. 그러나 유대인은 정반대로 생각한다. 유대인의 하루는 해가 지는 저녁에 시작하여 다음날 저녁 해가 지기 전에 끝난다. 탈무드에는 어째서 해가 질 때를 하루의 시작으로 정했느냐에 대한 라비들의 논쟁이 나온다. 그들이 도달한 결론은 시작은 밝고 끝은 어두운 것보다, 어둠에서 시작하여 밝음으로 끝나는 것이 더 좋기 때문이라는 것이다. 이처럼 하루라는 관념에도 유대인의 절망하지 않는 특성이 잘 나타나 있다.

5) 대립을 두려워하지 않는 사람들

어떤 문제에 대해서나 의문을 품고 질문을 하고, 권위를 인정하지 않고 자기 의견을 제시하려면 대립을 무서워하지 않아야 한다. 대립을 무서워하면 다른 사람의 말에 의문을 제기할 수도 없고, 권위를 무시하고 자기 의견을 내놓을 수도 없다. 대부분의 사회에서는 상대방과 화합하는 것이 좋은 것이고 대립하는 것은 나쁜 것으로 되어 있다. 하지만 탈무드의 세계에서는 대립이 좋은 것으로 나온다. 탈무드에는 수많은 논쟁이 기록되어 있는데, 논쟁은 대립이 없이는 불가능한 것이다. 그런데 대립이 건전한 것이라는 인식이 없으면 오랜 세월 동안 이런 논쟁이 그치지 않고 이어질 수 없었을 것이다.

탈무드에는 "쇠를 벼리기 위해서는 쇠를 쓰고, 인간을 단련하기 위해서는 인간을 쓴다."든가 "칼로써 칼을 간다."는 말이 나온다. "쇠로써 쇠를 벼리고, 칼로써 칼을 갈 수 있는 것은 이것들이 단단하기 때문이다. 어느 한 쪽이 무르거나 양쪽이 다 무르다면 벼리거나 갈 수 없다."고 하면서, 때로는 격렬한 대립도 필요하다는 것을 가르치고 있다. 대립은 단순한 반대가 아니다. 대립을 통해 자기가 강화되는 것이다. 그래서 탈무드의 현인들은 어떤 의견에 대해 반대되는 자신의 견해를 제시하면서도 상대방의 견해를 무시하지 않는다. 그들은 "좋은 의견에는 주인이 없다."고 말하면서, 아무리 반대되는 생각일지라도 누구에게나 자신의 견해를 밝힐 기회를 준다. 그래서 그들의 논쟁에는 결론이 없다. 수많은 견해가 제시되고, 선택은 각자 알아서 할 일이다. 자기가 제시한 견해에 동의하는 사람이 적다고 해서 논쟁에 졌다고 생각하지 않는다. 또 반대로 자기 생각에 많은 사람이 고개를 끄덕였다고 해서 이겼다고 생각하지도 않는다.

탈무드의 현인들은 아무리 유치한 질문이라도 필요하다면 물어보아야 한다고 말한다. 물론 유치한 질문에 대답해 주기가 답답하고 시간이 아깝다는 생각도 든다. 그렇다고 해서 묻는 사람의 입을 막아 버린다면 좋은 질문도 할 수 없게 된다. 하나의 질문에 수백, 수천 가지의 대답이 나올 수 있다. 유대인들은 이렇게 묻고 대답하는 일을 즐기면서, 상황에 적응할 수 있는 유연함과 탄력을 키웠다.

2. 유머와 조크의 민족 유대인

유대인은 삶에 맛을 주는 유머와 조크를 좋아한다. 그들이 즐기는 유머 가운데 이런 이야기가 있다.

돈을 많이 모은 어느 유대인 노인이 죽음을 눈앞에 두고 다급한 목소리로 아들에게 말했다. "얼른 라비를 불러오너라, 얼른……" 아들은 지금 라비가 오고 있는 중이라고 말했다. 그러자 노인은 "라비가 기도해 주면 나는 틀림없이 천국에 갈 수 있겠지?" "그럼요, 라비가 기도해 주면 아버님은 틀림없이 천국에 가실 겁니다." 그러자 노인은 괴로운 듯이 "그래, 그럴 거야. 그런데 기도값을 많이 내놔야 되겠지?" 하고 물었다. "아버지, 천국에 가시려면 아무래도 1만 달러는 내셔야 되겠죠." 하고 아들이 대답했다. 노인은 괴로운 숨을 몰아 쉬면서 "그러면 정말 천국에 갈 수 있겠니?"라고 말했다. "물론이죠. 가실 수 있고말고요."

잠시 뒤 노인이 다시 입을 열었다. "얘, 가톨릭 신부도 불러 오너라. 그에게도 기도를 부탁해야 되겠다. 신부한테도 1만 달러를 내놓겠다. 만일 유대교에 천국이 없다면 가톨릭의 천국으로 가야잖겠니."

아들은 아버지가 숨을 거두는 판이니 가톨릭 신부에게도 사람을 보냈다. 그런데 잠시 뒤 노인은 불안한 표정으로 다시 입을 열었다. "그런데 말이다. 유대교도 가톨릭도 소용이 없으면 어쩌지?" 아들이 "그러면 개신교 목사도 와 달라고 할까요?"라고 물었다. "그래, 개신교 목사도 와 달라고 해라. 그런데 개신교 목사에게는 얼마를 내야 할까?" "역시 1만 달러는 내야겠죠."라고 아들이 대답하자 노인은 괴로운 듯이 숨을 몰아 쉬며 "그래, 알았다. 알았으니 당장 불러 오너라."라고 말했다.

이윽고 유대교 라비와 가톨릭 신부와 개신교 목사가 병실로 들어와 각자 자기네 방식으로 긴 기도를 드렸다. 그런데 노인은 마지막 순간에 정신이 퍼뜩 들었다. 아들에게 재산을 모두 주어 버린 것이 생각났기 때문이다.

"라비님, 신부님, 목사님……"

노인은 마지막 힘을 쥐어짜며 말했다.

"저는 아들에게 재산을 모두 넘겨 주어 버리고 여러분께 드릴 3만 달러밖에 없습니다. 그런데 천국에 가도 돈이 필요할지 모르는데 저는 어떻게 하면 좋겠습니까? 제가 드릴 1만 달러에서 각각 2천 달러씩만 떼어 제 관 속에 넣어 주시지 않겠습니까?"

라비와 신부와 목사는 1만 달러씩이나 받았으니 기꺼이 2천 달러를 떼어 관 속에 넣어 주겠다고 약속했다. 그리고 세 사람이 모두 "당신은 틀림없이 천국에 가실 겁니다."라고 말했다. 노인은 그 말을 듣고 숨을 거두었다.

장례날이 되자 먼저 가톨릭 신부가 관 속에 현금 2천 달러를 넣었다. 이어 개신교 목사도 현금으로 2천 달러를 관 속에 넣었다. 마지막으로 라비가 관 앞으로 나갔다. 라비는 호주머니에서 수표장을 꺼내 거기에 6천 달러라고 쓰고는 그것을 관 속에 넣고 현금 4천 달러를 거스름돈으로 챙겼다.

라비와 신부와 목사에 대한 비슷한 유머가 또 있다.

하루는 라비와 신부와 목사가 만나 헌금을 어떻게 쓰고 있는가에 대해서 이야기를 나누었다. 신부가 먼저 입을 열었다. "저는 땅 위에 동그라미를 그려 놓고 모은 돈은 모두 공중으로 던지죠. 그런 다음 동그라미 밖으로 떨어진 돈은 자선사업에 쓰고 동그라미 안에 떨어진 돈은 제 생활비로 씁니다."

"아, 그렇습니까? 저도 신부님과 비슷한 방법을 씁니다." 개신교 목사가 맞장구를 쳤다. "저는 땅 위에 금을 그어 놓고 돈을 공중으로 던져 왼쪽에 떨어진 돈은 자선사업에 쓰고 오른쪽에 떨어진 돈은 저의 개인 용도로 사용한답니다. 어느 쪽으로 얼마가 떨어지느냐는 모두 하느님의 뜻에 달려 있는 셈이지요."

그 이야기를 듣고 가톨릭 신부가 고개를 끄덕였다.

"그런데 당신은 어떻게 하고 계십니까?" 하고 두 사람이 라비에게 물었다.

"저도 여러분처럼 돈을 모두 하늘로 던집니다. 그러면 하느님께서 필요로 하시는 돈은 하느님께서 스스로 취하시고, 땅으로 떨어지는 것은 모두 저에게 주시는 걸로 알고 제가 씁니다."

운동을 하면 신경이 발달하고 몸에 탄력이 생기는 것처럼, 유머는 정신에 순발력과 탄력을 준다. 이를테면 유머는 정신을 위한 스포츠라고 할 수 있다. 역사적으로 유대인만큼 길고 혹독한 박해를 받은 민족도 없다. 그럼에도 불구하고 그들은 살아 남았다. 아니 살아 남은 정도가 아니라 사회 전 분야에서 큰 영향력을 행사하는 자리를 차지하고 있다. 어떤 난관과 역경 속에서도 유대인이 절망하지 않았던 이유는 성서가 가르치는 정의 세계에 대한 믿음 탓도 있지만, 그보다는 웃음이라는 여유와, 새로운 상황에 즉각 적응할 수 있는 정신의 탄력성을 갖고 있었기 때문이다.

웃음이나 조크는 사람을 통제에서 해방시킨다. 이를테면 웃음이나 조크는 고도의 통제 사회에 대한 항의이며, 지나친 얽매임에 대한 즐거운 복수이다. 그러나 웃음은 테러 행위와는 달리 평화를 가져다 준다. 유대인은 사람이 살아가기 위해서는 맑은 공기와 깨끗한 물, 그리고 초록빛과 웃음이 필요하다고 생각한다. 유대인의 유머에는 금기가 없다. 모세나 아브라함이나 엘리야 같은 위대한 성인들은 유머의 주인공으로 자주 등장한다. 심지어 하느님까지 유머의 대상으로 삼는다. 예를 들면 이런 재미있는 이야기가 있다.

모세는 자기 아들 아브라함이 기독교로 개종하여 세례를 받겠다고 하는 바람에 세상이 뒤집힐 듯이 놀랐다. 그는 일주일 동안 금식하며 하느님께 기도했다. 그렇게 일주일을 기도하고 나니 눈알이 핑핑 돌 정도로 배가 고프고 힘이 들었다. 그래도 죽을 힘을 다해 하느님의 응답을 기다리며 기도를 계속하고 있으니까 눈앞에 이상한 빛이 보이고, 장엄한 빛 가운데 말로는 표현할 수 없는 거룩한 형상이 나타났다. 모세의 눈은 기쁨으로 빛났다. 마침내 하느님께서 자기의 기도를 들어 주신 것이다.

"하느님, 전능하신 하느님, 당신을 찬양하나이다. 당신은 저의 기도를 들어 주시기 위해서 이렇게 모습을 드러내셨습니다. 하느님, 부디 저의 기도를 들어 주십시오. 제 외아들 아브라함이 기독교의 세례를 받겠다고 합니다. 부디 이것을 막아 주십시오."

그러자 빛 가운데서 무겁고 엄숙한 목소리가 들려 왔다.

"내 아들도 그랬단다."

유대인은 지나친 착실함이나 고지식함을 배척한다. 그처럼 융통성 없는 머리에는 상상력이 깃들기 어렵기 때문이다. 유머나 조크는 눈에 보이지 않는 다른 쪽을 볼 수 있는 상상력과 여유에서 나온다. 고지식한 사람은 폭이 좁은 길을 가는 사람과 같다. 그러나 유머와 조크를 아는 사람은 너른 들판에서 자유롭게 움직이는 사람이라고 할 수 있다. 유대인은 유머와 조크를 통해서, 자신의 입장이나 권위를 지나치게 고집하지 않고 옆으로 한 발짝 비켜서서 바라볼 줄 아는 정신의 탄력성을 갖게 되었다. 세계를 진보시키는 새로운 이론과 학설은 바로 이런 정신의 탄력성과 제한 없는 상상력에서 나온다. 아인슈타인은 이런 말을 했다.

"나에게 가장 중요한 학교는 조크였다. 세상 사람들이 받들어 모시고 있는 규칙만을 무턱대고 받아들여서는 안 된다. 그 규칙에 얽매여 있는 동안에는 그 규칙을 뒤엎을 새로운 규칙을 만들어 낼 수 없기 때문이다."

히브리어로 조크에 해당하는 말은 '호크마'이다. '호크마'는 지혜 또는 예지를 가리키는 말이다. 예지와 조크가 같은 말이라는 것에서 조크에 대한 유대인의 생각을 잘 볼 수 있다. 유대인은 조크나 유머를 '지성의 숫돌'이라고 한다. 그래서 유대인 아이들은 부모가 던지는 조크를 들으면서 지성을 단련시킨다. 또 수수께끼 놀이도 많이 한다. 탈무드 안에도 조크와 수수께끼가 엄청나게 많이 나온다.

유대인 아이들은 어릴 때부터 유머와 조크를 통해서 이런 정신 훈련을 한다. 그래서 사물과 상황의 새롭고 다른 면을 보는 지혜와 힘을 키운다. 유머와 조크는 지성을 해방시키고, 웃음은 자유로움과 밝음을 준다. 길고 혹독한 고난 속에서도 유대인은, 유머와 조크와 웃음을 통해 현실을 극복하고 새로운 세계를 열어 가는 힘을 얻었다. 유대인의 유머와 조크, 그리고 정신의 탄력성을 보여 주는 재미있는 이야기가 있다.

유대인을 연구하는 사람이 있었다. 그는 유대인이 어떤 사람인지를 알기 위해서 구약성서를 비롯한 유대의 책을 여러 권 읽었다. 그러나 아무래도 유대인에 대해 쉽게 이해할 수 없었다. 연구를 계속하던 중, 유대인의 정신적인 기둥 역할을 하고 있는 탈무드를 공부하지 않고서는 유대인을 이해할 수 없다는 결론에 도달했다. 그는 훌륭하다고 소문

Dem Andenken
meines unvergeßlichen Vaters
Maurice Freud

gewidmet.

Sterbetag:

am 7. Septemb. 1920

24. Elul 5.680

im 64 Lebensjahre.

Ehre deinem Andenken!

난 라비를 찾아가서 탈무드를 배우고 싶다고 말했다.

"당신은 탈무드를 배우고 싶다고 말하지만, 제가 보기엔 아직 탈무드를 배울 자격이 없는 것 같소."

"저에게 그런 자격이 있는지 없는지 테스트라도 한 번 받아보고 싶습니다."

라비는 그렇게 원한다면 간단한 테스트를 하나 해 보자며 다음과 같은 질문을 했다.

"두 아이가 벽난로 굴뚝을 청소하려고 굴뚝에 들어갔다 나왔는데, 한 아이는 얼굴에 검댕을 새까맣게 묻히고 나왔고 다른 아이는 검댕을 하나도 묻히지 않고 내려왔소. 그러면 어떤 아이가 얼굴을 씻을 것 같소?"

사나이는 "물론 얼굴에 검댕을 묻히고 나온 아이가 씻겠지요."라고 대답했다.

라비가 말했다. "그러니 당신은 아직 탈무드를 배울 자격이 없소."

"그렇다면 누가 얼굴을 씻는다는 말입니까?" 사나이가 물었다.

"당신이 탈무드를 공부한다면 스스로 답을 알게 될 것이오. 굴뚝 속에 들어갔다 나온 아이들 가운데 하나는 얼굴이 시커멓고 하나는 깨끗하다면, 깨끗한 아이가 얼굴을 씻습니다. 왜냐하면 상대방 아이의 얼굴이 더러운 것을 보고 자기 얼굴도 그럴 것이라고 생각하기 때문입니다. 그러나 시커멓게 검댕을 묻힌 아이는 상대방 아이의 얼굴이 깨끗하기 때문에 자기 얼굴이 더러워졌다고 생각하지 않을 것이오. 그러니 그 아이는 얼굴을 씻지 않겠지요."

"아, 그렇군요." 사나이는 감탄을 하면서 다시 한 번 테스트를 해 달라고 부탁했다. 라비는 같은 질문을 했다.

"두 아이가 굴뚝 청소를 하고 나왔는데, 한 아이의 얼굴에는 시커먼 검댕이 묻어 있었고 다른 아이의 얼굴은 깨끗했소. 그렇다면 당신은 이 두 아이 가운데 누가 얼굴을 씻을 것이라고 생각하시오?"

사나이는 1초도 머뭇거리지 않고 "그야 얼굴이 깨끗한 아이가 씻겠지요."라고 자신 있게 대답했다. 그러자 라비가 굳은 표정으로 말했다.

"당신은 아직 탈무드를 배울 자격이 없소."

사나이는 화도 나고 궁금하기도 해서 물었다. "그렇다면 탈무드에서는 누가 얼굴을 씻는다고 말하고 있습니까?"

라비가 대답했다. "탈무드는 두 아이가 같은 굴뚝 속에 들어갔다 나왔다면, 한 아이는 검댕이 묻고 한 아이는 검댕이 묻지 않은 상태로 나온다는 것은 있을 수 없는 일이라고 말하고 있지요."

3. 휴식하는 민족 유대인

"유대인이 안식일을 만든 것이 아니라, 안식일이 유대인을 만들었다."는 말이 있다. 유대인을 유대인으로 만드는 힘의 원천이 안식일의 휴식에 있다는 뜻이다. 서구 사회의 휴일이라는 개념은 원래 유대교의 안식일에서 비롯된 것이다. 영어로 휴일을 가리키는 할러데이(holiday)가 홀리 데이(holy day, 성스러운 날)에서 비롯된 것만 보아도 그 사실은 충분히 납득이 된다.

하느님은 일주일 중 하루는 온전히 쉬라고 명령했다. 바로 그날이 안식일이다. 안식일은 금요일 해가 지면서 시작해서 토요일 해가 질 때

끝난다. 안식일에는 무슨 일도 해서는 안 되며, 가족과 함께 지내야 한다. 요리도 하면 안 되기 때문에, 유대인 여자들은 금요일 저녁이 되기 전에 안식일에 먹을 음식을 미리 준비해 둔다. 불을 켜거나 난로를 피우는 것도 금지되어 있다. 그래서 안식일이 시작되기 전에 불을 켜 놓고 난로에 불을 붙여 놓는다. 유대인은 안식일이 시작되는 금요일 저녁이 되면 촛불을 켜고, 남편이 아내와 아이들을 축복하고, 성경의 한 구절을 읽기도 하며, 가족 전원이 노래를 부르기도 한다.

안식일에는 일에 관계된 서류나 편지를 읽거나 쓰는 것도 금지되어 있고, 돈을 계산해서도 안 된다. 일에 대해서는 생각하는 것마저도 금지되어 있다. 책을 읽어도 일에 관계된 책은 읽으면 안 된다. 이를테면 일에서 몸과 마음을 철저히 떼어 놓는 것이다.

모든 일에서 떠난다는 것은 일과 관련된 모든 욕심을 버린다는 뜻이다. 일에 대한 욕심을 버리면 일에 대한 객관적인 눈을 가질 수 있게 된다. 그리고 지금까지와는 다른 새로운 방식으로 일을 진행시킬 수 있는 여유도 생긴다. 일주일에 하루를 쉬는 생활을 규칙적으로 하면 건강도 좋아진다. 요즘 와서 밝혀진 사실이지만, 사람의 몸은 쉬지 않고 계속 일을 하면 체액이 산성으로 변해서 질병에 무방비 상태가 된다. 그래서 휴식이 필요한 것이다. 쉬는 동안 체액이 정상적인 균형을 되찾기 때문이다.

일에서 손을 떼고 쉬는 동안에는 필연적으로 자기 자신과 만나게 된다. 아놀드 토인비는 이런 말을 했다. "현대인은 여가를 진심으로 무서워한다. 여가는 자기와 대결하기를 강요하기 때문이다. 여가 시간에 사람들은 지적으로 변한다. 그리고 무엇보다도 종교적인 분위기에 들어

가게 된다." 이것은 진정으로 쉬어 본 경험이 있는 사람이라면 누구나 인정할 수 있는 말이다. 그런데 유대인은 수천 년 동안 이런 규칙적인 휴식을 통해 자신과의 대화를 계속해 왔다.

탈무드는 "사람은 자주 일손을 멈춤으로써 도리어 큰 것을 만들어 낸다."고 말하고 있다. 화가가 그림을 그릴 때는 "자주 그림에서 떨어 져 화폭을 바라보아야 한다."는 가르침도 있다. 가령 화가가 화폭에서 한 번도 눈을 떼지 않고 계속 붓만 놀리고 있다면 좋은 그림이 나올 리 가 없다. 때때로 쉬면서, 멀리서 화폭을 바라보는 것이 필요하다. 이것 은 화가에게만 적용되는 법칙이 아니다. 몸과 마음을 일에서 떼어 놓는 진정한 휴식은 모든 사람에게 필요하다. 휴식은 일에 창조성과 활기를 불어넣어 주기 때문이다.

화가들은 그리스 시대에서 르네상스 시대에 이르기까지 극히 사실적 인 그림을 그렸다. 감상하는 사람이나 대상이 되는 사물도 변화하지 않 고 정지해 있었다. 그러나 산업 혁명이 일어나 증기 기관차에 끌려 열 차가 달리게 되자 인상파나 포비스트가 등장했다. 그 후 탈것의 속도가 점점 빨라지는 것에 발맞추어 그림도 점점 추상적으로 변했다. 이것은 회화의 발전에 대한 하나의 설인데, 이 이야기에 따르면 그림의 변화는 탈것의 창을 통해 밖의 풍경을 바라보는 것과 관련이 있다는 것이다.

탈것의 속도만 빨라지는 것이 아니다. 지식도 엄청나게 빠른 속도로 변하고 있다. 과거에는 대학에서 4년 배운 것으로 평생을 써 먹을 수 있었지만, 이제는 하루가 다르게 쏟아지는 정보의 바다 속에서 새로운 정보 획득에 실패하면 뒤처지고 마는 세상이 되었다. 그런데 새로운 정 보 획득이라는 것은 권위와 고정 관념에 대한 의심 없이는 불가능한 일이다. 새로운 정보 획득에는 다양성과 가능성에 대해 마음을 어느 정도 열어 놓고 있느냐도 중요한 문제가 된다. 또 전체의 흐름을 읽을 수 있는 눈도 필요하다. 그래야 정보의 바다 속에서 실종되지 않을 수 있다. 나무만 보는 것이 아니라 숲도 볼 수 있는 여유가 필요한 것이다. 지금은 세상이 그렇게 되어서 누구나 이런 의식을 가지고 있지만, 유대인은 수천 년 전부터 탈무드와 같은 책을 공부하면서 다양성에 대응할 수 있는 정신의 탄력을 키웠다. 또 안식일의 휴식을 통해서, 일에서 한 걸음 물러나서 전체를 보는 시각을 훈련했다. 산업 사회에서도 그랬지만 앞으로 눈부시게 발전할 인터넷 시대에도 유대인의 탈무드적인 사고 방식과 안식일 사상은 더욱 그 가치를 인정받게 될 것이다.

유대교에는 안식일만 있는 것이 아니다. 7년에 한 번씩 1년간 농사를 짓지 않고 땅을 놀리는 안식년이라는 것도 있다. 땅도 사람과 마찬가지로 휴식을 취하지 않으면 산성으로 변해 병충해에 무방비 상태가 된다. 그래서 그걸 해결하려고 농약을 사용하지만, 그럴수록 땅의 힘은 더욱더 떨어진다. 쉬지 않으면 이런 악순환의 고리에서 벗어날 길이 없다. 그러므로 안식년 제도는 종교적인 제도이기 이전에, 자연도 살아 있는 생명체라고 보는 아주 바람직한 과학적인 접근이라고 할 수 있다.

휴식에 대한 유대교의 제도는 안식년으로 끝나지 않는다. 안식년이 7번 지난 다음 해, 곧 50년이 되는 해를 희년이라고 해서 이때에는 살기가 어려워서 땅을 팔았던 사람들의 땅을 모두 원래 주인에게 돌려 주고, 모든 노예를 자유인으로 풀어 준다. 그래서 사회가 원래의 공평한 상태로 돌아간다. 이를테면 희년은 사회의 건강을 회복하는 휴식인 셈이다. 물론 이런 제도들이 에누리없이 잘 지켜지지는 않았다. 하지만 유대인의 마음속에는 늘 이런 정신이 깔려 있었다. 사람만이 아니라 자연과 사회의 건강까지도 고려하는 이런 정신은, 안식일의 휴식을 통해 자기 자신과 세계를 통찰하는 기회를 가졌던 결과로 생성된 것이라고 볼 수 있다.

4. 현실적인 민족 유대인

유대인은 지극히 현실적이다. 탈무드의 상당 부분이 건강이나 성이나 돈과 같은 현실적인 문제를 다루는 데 할애되고 있다는 것도 그 증거이다. 유대인은 사람이 건강한 육체를 유지하는 것을 창조주에 대한 의무라고 생각한다. 그래서 유대인은 지나치다 싶을 정도로 청결을 강조한다. 이런 유대인을 '목욕탕에서 나오는 것을 두려워하는 사람들'이라고 조롱하는 사람도 있다.

탈무드에는 몸, 옷, 집 등을 깨끗하게 하는 일에 대한 세밀한 지시가 나온다. 폭음과 과식을 경계하는 가르침도 있고, 무슨 병은 어떻게 하면 낫는다는 식의 의학적인 지시 사항도 있다. 탈무드에 나오는 다음과 같은 이야기는 유대인이 얼마나 현실적인지를 잘 보여 준다.

어느 유명한 학자가 아들에게 왜 회당에 강의를 들으러 가지 않느냐고 물었다. 아들은 촉망받는 뛰어난 학생이었다. 아들은 "회당에서 하는 강의는 늘 자질구레한 문제밖에 다루지 않아서요."라고 대답했다. 그때 회당에서는 유명한 라비가 강의를 하고 있었는데, 그는 언제나 변소 청소하는 법 또는 목욕탕 청소하는 법 따위의 위생에 대한 문제를 계속 가르치고 있었다. 아버지가 아들에게 말했다. "그러니? 라비께서 그렇게 중요한 문제에 대해서 이야기하고 있단 말이냐? 변소는 사람이 살아가는 데 없어서는 안 되는 중요한 것이란다. 그러니 열심히 공부해야 되지 않겠니?"

유대인은 돈과 섹스도 멸시하지 않는다. 성기도 하느님이 만드신 것이기 때문에 좋은 것이라고 생각한다. 돈에 대해서 탈무드에서는 이렇게 말한다. "돈은 악이 아니며 저주도 아니다. 돈은 사람을 축복하는 것이다." "돈은 하느님의 선물을 살 기회를 준다." "사람에게 상처를 주는 것이 셋 있다. 고뇌, 다툼, 빈 지갑이다. 그 가운데서 빈 지갑이 가장 큰 상처를 준다." "몸의 모든 부분은 마음에 의존하고 있다. 그리고 마음은 지갑에 의존하고 있다."

탈무드에는 유명한 라비가 자기 딸들에게 노골적인 묘사를 해 가며 성교육을 시키는 장면도 나오고, 부부간의 성행위에 대한 구체적인 권면 사항도 나온다. 예를 들면 이런 것이다.

첫째, 성적인 의무를 게을리하는 사람은 죄를 짓는 것이다.

둘째, 남편은 아내의 성적인 욕구를 만족시켜 주어야 한다.

셋째, 여자 편에서 성적인 욕구를 표현하는 것은 좋은 일이다.

넷째, 여자는 편하게 살면서 성적으로 불만족스러운 생활보다 가난하게 살더라도 성적으로 만족스러운 생활을 더 좋아한다.

다섯째, 남자는 성행위를 가질 때 여자가 먼저 절정에 이르도록 이끌어야 한다.

여섯째, 여자가 월경을 하지 않는 날에는 언제나 성행위를 해도 좋다. 여자가 월경중이라면 욕망이 일어나도 며칠간은 참는 것이 좋다.

일곱째, 성행위를 하는 동안 몸의 어느 부위에 입을 대도 좋고 어떤 체위를 해도 좋다.

탈무드에는 이런 말도 있다.

"남편과 아내 사이에 행해지는 성행위는 신성한 것이다. 추하고 꺼려야 하는 것으로 생각하면 안 된다. 만일 성행위가 꺼려야 하는 것이라면 성기도 마찬가지로 꺼려야 하는 것이다. 그러나 성기는 하느님이 만드신 것이다. 만일 성기를 꺼려야 하는 것으로 생각한다면 하느님이 하신 일을 불완전한 것이라고 여기는 것이다. 이렇게 하는 것은 신성 모독이다. 성기가 나쁜 것이 아니라 성기를 어떻게 쓰느냐가 문제다. 이것은 손에 대해서도 마찬가지로 말할 수 있다. 성서를 옮겨 쓰고 있을 때 그 손은 찬양받아야 한다. 그러나 뭔가 나쁜 일을 하고 있다면 그 손은 불결한 것이 된다. 신체의 어느 기관이라도 좋은 일을 할 때는 명예로운 것이 되며, 나쁜 짓을 할 때는 꺼리는 것이 된다."

"평상시에 남편은, 수탉이 암탉에 붙어 다니는 것처럼 너무 아내 가까이에 붙어 다니지 마라. 아내에게 늘 가까이 붙어 있으면 정력이 약해지고 성기뿐만 아니라 신체의 다른 기관도 약해진다. 정력을 과도하게 소모하면 안 된다."

"현인들은 금요일 밤을 성행위를 하기에 가장 적당한 날로 꼽는다. 그것은 이 날이 성스러운 안식일이기 때문이다. 성행위에는 정신적인 기쁨이 따라야 하며, 성행위는 육체를 새롭게 소생시키는 휴식과도 같아야 하기 때문이다. 성행위를 하기 전에 남편은 아내에게 부드럽게 말을 걸어야 한다. 그리고 행위도 부드럽게 진행해야 한다. 아내에게 정신적, 육체적 기쁨을 주는 것은 남편의 의무이다. 사랑이 없이, 하기 싫다는데도 억지로 성행위를 갖는 것은 성스러운 하느님의 뜻에 어긋나는 짓이다. 남편은 아내가 잠들어 있는 동안에 성행위를 하려고 해서는 안 된다. 그리고 성행위를 하고 있는 동안 경건한 마음으로 하느님께 감사를 드려야 하며, 행위가 끝난 다음에는 둘이 함께 하느님을 찬양해야 한다."

이렇게 탈무드적인 유대인은 금욕주의와는 거리가 멀다. 기도를 위해 일시적으로 부부가 성관계를 갖지 않는 일은 있어도 평생 독신으로 지낸다는 식의 금욕주의는 없다. 또 탈무드적인 유대인은 돈을 더럽다고 물리치지 않는다. 그래서 유대교에는 청빈이라는 개념이 없다. 그것보다는 오히려 가난한 것을 부끄럽게 생각하는 경향이 더 강하다. 그러나 많은 것이 좋다고 하지도 않는다. "섹스는 냇물과 같다. 물이 말라도 안 되고 범람해도 안 된다." 또는 "돈은 화장지와 같다. 없으면 난처하고 너무 많아도 쓸모가 없다."는 말처럼 유대인은 극단을 피하려고 한다. 술에 대해서도 마찬가지이다. 탈무드에서는 "술은 뇌의 활동을 활발하게 만든다. 술을 한 방울도 마시지 않는 사람은 지혜의 문을 열 수 없다."고 말한다. 그러면서 동시에 "술이 머리로 들어가면 비밀이 입으로 밀려 나간다."고 하여 과음을 경계한다. 요컨대 탈무드적인 인간의 이상형은 지극히 현실적이면서 균형을 잃지 않는 사람이라고 할 수 있다.

5. 유대인에 대한 몇 가지 오해의 근원과 진상

20세기에 독일의 나치는 유대인의 가슴에 유대인임을 나타내는 기장을 달도록 강요했다. 그러나 이것은 전혀 새로운 일이 아니다. 예를 들면 이미 1215년에 로마 교황은 유럽에 사는 전 유대인에게 노란색 모자를 쓰고 가슴에 기장을 달 것을 명령했던 것이다.

나치는 탈무드를 비롯하여 유대인의 모든 책을 불살랐다. 그러나 이 역시 수많은 전례가 있다. 1239년에 로마 교황 그레고리 9세는 탈무드를 모조리 몰수하여 불태우라고 명령했다. 파리나 로마의 광장에 가면 광장의 아름다움에 감탄하지만 말고, 거기서 유대인의 정신적 기둥인 탈무드가 매일 연기를 피우며 불타고 있던 일을 기억할 필요가 있다.

유대인은 돈이라면 무슨 일이라도 하는 교활한 장사꾼이라는 말도 있다. 이것은 특히 셰익스피어가 "베니스의 상인"에서 유대인 샤일록을 피도 눈물도 없는 고리 대금업자로 묘사한 영향도 크다. 객관적인 사실부터 살펴보자. 유대인은 셰익스피어가 태어나기 전에 이미 영국에서 추방뇌었다. 그래서 셰익스피어는 유대인을 만난 적이 없을 것이다. 그럼에도 불구하고 그가 유대인을 돈에 관해서라면 피도 눈물도 없는 인간으로 묘사한 것은, 영국 사람들 사이에 떠돌던 유대인에 관한 소문 때문이었을 것이다. 실제로 유대인 가운데서 샤일록 같은 사람이 난다는 것은 거의 불가능하다. 유대인이라면 빌려 준 돈을 못 받는다고 아무 이득도 안 되는 살점을 떼 내겠다고 나서지 않을 것이기 때문이다. 유대인이라면 못 받으면 받을 수 있을 때까지 기다리든지, 아니면 아예 탕감을 해 줄망정 이익되지 않는 일은 하지 않는다.

환(換)이나 은행은 유대인이 처음 만든 제도이다. 그리고 지금 세계 경제를 주무르는 큰 손은 거의 유대인이다. 어째서 이런 일이 생겼을까?

기원후 70년 이후, 팔레스타인에서 추방당한 유대인은 유럽 각지로 이주했다. 그러나 농업에 종사하는 유대인은 한 명도 없었다. 기독교 세계인 유럽에서는 유대인이 토지를 소유하는 것을 법으로 금지하고 있었기 때문이다. 또 유대인은 제조업자의 조합인 길드에 가입하는 것도 금지되어 있었다. 그래서 농사를 지을 수도 없었고, 제조업을 할 수도 없었다. 유대인에게는 상인이 되는 길밖에 없었다.

당시 유럽에서는 글을 읽을 줄 아는 사람이 거의 없었다. 그러나 유대인 중에는 글을 모르는 사람이 없다. 어릴 때부터 성서와 탈무드를 배웠기 때문이다. 유럽 사람들은 손가락으로 셈을 하는 것이 고작이었을 때, 유대인들은 상당히 복잡한 계산도 할 수 있었다. 그러니 같이 장사를 해도 유대인이 훨씬 더 성공했다. 그래서 왕과 제후들은 앞다투어 유대인을 자기들이 운영하는 가게의 지배인으로 고용하기도 했다. 장사와 사업 경쟁에서 진 비유대인들은 유대인이 열 이상 셀 수 있다는 사실을 인정하기보다는, 교활하고 돈이라면 피도 눈물도 없는 잔인한 인간이라는 악소문을 퍼뜨렸다. 유대인에 관한 이런 악성 루머는 오늘날까지도 세계 곳곳에 퍼져 있다.

유대인을 하나의 민족으로 보는 것도 생각해 볼 필요가 있다. 인종학적으로는 유대인이라는 인종이 없다. 결론부터 말하자면 유대교 신앙을 가지고 있는 사람이 유대인이다. 그러므로 자기가 어떤 인종에 속하더라도 유대교로 개종만 하면 당장 유대인이 될 수 있다. 물론 팔레스타인에서 살고 있던 당시의 유대인은 하나의 종족 또는 민족이기도 했다. 하지만 팔레스타인에서 추방되어 세계 각곳으로 흩어진 다음에는 수많은 피가 섞였다. 그래서 외모로는 유대인을 규정하기가 불가능해졌다.

216

유대인인지 아닌지는 코를 보면 안다는 말이 있다. 유대인의 코는 매부리 코라는 것이다. 그러나 매부리 코를 가지고 있는 유대인은 서부 러시아에 살고 있는 유대인과 서아시아 지역에 터를 잡고 있는 유대인 뿐이다. 유대인은 아시아 인종이므로 머리칼이 검다고 말하는 사람도 있다. 그러나 유대인 가운데에는 금발도 많고 붉은 머리도 있다.

유대인에 관한 소문 가운데, 유대인이 세계를 정복하려는 음모를 꾸미고 있다는 이야기가 있다. 이것은 20세기 시작 무렵에 유포된 『시온 의정서』라는 책자에서 비롯된 소문이다. 『시온 의정서』에 따르면, 1897년 스위스에서 열린 제1회 시온주의자 회의에서 유대인이 세계를 정복하자는 비밀 결의가 이루어졌다고 한다. 그리고 그 이전에도 세계의 유대인 대표가 100년에 한 번씩 프라하의 유대인 묘지에서 세계 정복을 꾀하는 회합을 정기적으로 가졌다는 것이다. 그러나 『시온 의정서』는 반(反) 유대주의 정책을 펴고 있던 제정 러시아의 비밀 경찰이 날조한 문서라는 사실이 밝혀졌다.

역사적으로 보아도 유대인이 세계를 지배하려는 음모를 꾸미고 있다는 이야기는 그리 설득력이 없다. 유대인은 다른 나라나 다른 민족이나 다른 종교를 지배하려고 했던 적이 없기 때문이다. 대표적으로 유대교에는 선교사가 없다. 그들은 자기들의 믿음을 다른 사람에게 받아들이라고 강요하지 않는다. 다른 종교를 신봉하고 있는 사람을 유대교로 개종시키려고 애쓰지도 않는다. 유대인은 자기들끼리 자기들의 믿음을 지키며 살아가는 것으로 만족한다.

בעזרת ח׳ נורא ואדיר

שער בת רבים

מחזור חלק ראשון עם פירוש
הדרת קדש כמנהג קהל קדוש
אשכנזים ישמרם האל:

ובו שני המאורות המאור הגדול לממשלת
שבתות וימים טובים וראשי חדשים:

והמאור הקטן לממשלת זים ביומו ופורים · ותשעה באב · קנות · ציונים ·
סליחות · נשואין · ומילה·

פירושים ופים פד תחר עם פירוש רתנ דרפ כוד · תואר לו ולו הדר יתר סאת ויתר
עז בליכות ובכתכות על כל אשר היו לפנינו לא נקרוד לו קדמון אשר כבראל · יורה
גדולקי הדברים אשר כתובפו בנ · רבים פבמי תספכר לא הם ביספר:ל כמו זה כוד ·

נדפס לתשוקת קהלות קדושות יצ"ו

שבמדינות איטלייאה · ואלו הן · קק וניציאה
אשכנזים · וקק ספרדים · וקק איטאלייאני ·
וקק פאדובה· וקק רוויגו · וקק וירונה · וקק
מאנטובה · וקק קסאל מונפיראט ·
וקק גורייאה: וכל גלילותיהם:

Nella Stamparia Bragadina:
Con Licenza de' Superiori.
Appresso Gioanni de' Paoli.

פה
וניציאה
הבירה
וקבו ראשית תכלאבתי · בחדמ כטבת ראשון
לחדש זיו זנת הת"תרלוגזס קדוי ·
גם ל מעמד ילצרח זת כל קק"ן אבינו
יוסף ויעקב חי הבנים
הבוחקקים הי'

2장 탈무드 깊이 읽기

1. 탈무드의 내력

유대인들은 탈무드를 '구전(口傳) 토라(torah)' 라고 부른다. 하느님 께서 시내산에서 모세에게 기록된 율법을 주실 때 구전 토라도 함께 주셨는데, 모세는 여호수아에게, 여호수아는 예언자들에게, 예언자들은 최고 회의(Great Assembly)의 학자들에게 입에서 입으로 그 가르침을 전했고(Pirkei Avot 1:1), 느헤미야 8–9장에 나오는 것처럼 에스라와 같은 학자들이 그것을 일반 백성에게 가르침으로써 오늘날까지 전해 오게 되었다.

12지파로 구성된 이스라엘 왕국은 솔로몬 이후 남북으로 분단되었다. 10지파가 가담한 북왕국 이스라엘은 기원전 722년 아시리아에 정복당하여 대부분의 백성들이 아시리아 제국의 각 지방으로 흩어져 민족의 정체성을 잃어버리고 말았다. 2지파로 구성된 남왕국 유다는 기원전 586년에 바빌론 제국에게 멸망당했다. 성전은 파괴되고 백성들의 대부분이 포로가 되어 바빌론으로 잡혀 갔다. 말하자면 강제적인 민족이주가 이루어진 것이다.

바빌론으로 잡혀 간 유대 지도자들은 암울한 조국의 운명 앞에서 이스라엘의 민족적인 존폐에 대한 고민을 하게 되었다. 팔레스타인에서는 성전 중심의 종교 의식을 통해 민족적인 특성과 정체성을 유지할 수 있었다. 그러나 성전은 무너져 버렸고, 백성들은 다른 나라로 강제 이주된 상황에서 어떻게 자기들의 고유한 민족적인 특성을 보존할 수 있을까 그 방법을 찾기에 골몰했다.

성서의 자료가 그 당시의 실정을 자세히 설명하고 있는 것은 아니지만, 대략적인 상황을 알아볼 만한 참고 구절은 있다. 예를 들어 바빌론의 포로 사회에서 가장 뛰어난 지도자였던 에스라는 이스라엘의 민족적인 정체성을 지키기 위해서 무척 애를 썼다. 그는 각 지파의 우두머리들을 모아 놓고 여러 차례 민족의 생존과 본토로의 귀환 문제를 논의한다.(에스라 8장 참조)

그들은 토라를 지키고 계승하는 것만이 민족의 정체성을 유지하는 유일한 길이라는 결론에 도달했다. 그래서 토라를 지키고 계승하기 위해서 각 지방에 회당이라는 예배소를 설립했다. 토라를 읽고 가르치기 위해 만든 회당은 나라를 잃은 이스라엘 국민의 집회 중심지 역할을 했다. 회당 제도가 발전함에 따라, 토라를 가르칠 만한 학식과 덕망이 있는 지도자들이 필요했고, 그래서 탄생한 것이 소위 '서기관들'이라고 하는 '소프림(sofrim)'이다. 그들은 포로가 된 백성들의 영적인 지도자였는데, 이들 가운데 가장 뛰어난 인물이 바로 에스라이다.

유대 전통에 따르면 에스라는 '최고 회의'를 창설했다. 최고 회의는 율법 학자인 소프림으로 구성되었다. 이들은 그때까지 입에서 입으로 전해 온 가르침을 이어받아서, 자기 시대의 새로운 상황에 맞도록 재해석하고 발전시켰다. 그것이 전달과 발전을 거듭하면서, 후에 탈무드를 형성하게 된다.

탈무드는 에스라의 업적을 모세의 업적에 필적할 만한 업적으로 칭송한다. 최초의 입법자 모세는, 이집트에서 탈출한 노예 집단에 지나지 않는 이스라엘에 토라(율법)를 주어 그들이 한 민족을 형성하게 만들었다. 마찬가지로 에스라는 바빌론의 퇴폐적인 풍습에 물들어 가는 이스라엘 백성들에게 토라를 생활의 안내자로 부활시킴으로써 민족의 정체성을 유지하고 미래에 대한 희망을 갖게 했다. 모세가 토라를 가져다 준 인물이라면 에스라는 토라를 부활시킨 인물이다.

에스라가 창설한 최고 회의는 대략 기원전 500년부터 기원전 200년 정도까지 이스라엘 민족을 다스렸다. 산헤드린(sanhedrin)이라는 이름으로 더 많이 알려진 최고 회의는 120명의 라비로 구성된 최고 의결 기관이었다. 전통적인 견해에 따르면 "에스겔서"와 12권의 소예언서, 그리고 "다니엘"과 "에스더"와 같은 책들을 최고 회의에서 편찬했다고 한다. 그들은 또한 서서 드리는 18가지(후에는 19가지로 늘어남) 기도문을 만들어 냈는데, 유대인들은 지금도 이 기도문을 사용하고 있다. 히브리어 성경의 정경인 타나크도 이들이 결정했다. 교육의 민주화를 이루어 내서 누구라도 배울 수 있도록 한 것과, 제사장 계급의 전유물이었던 토라를 모든 민중이 함께 읽는 책으로 만든 것은 이들이 남긴 중요한 업적이다.

최고 회의는 '나시(nasi)'와 '아브 베트-딘(Av Bet-Din)'이라는 두 직책의 지도자가 이끌었다. '나시'는 국회의장 격이었고 '아브 베트-딘'은 대법원장 격이었는데, 이 직책을 맡은 두 사람을 '주그(zug)'라고 했다. 역대 '주그'들을 '주고트(zugot)'라고 하는데, 이들은 입법과 사법을 관장하던 '산헤드린'의 수장 역할도 했다. '주고트'는 '짝' 또는 '쌍(雙)'이라는 뜻인데, 200년 동안 다섯 쌍의 주고트가 유대인의 정신적인 지도자 역할을 했다. 다섯 쌍의 주고트는 다음과 같다.

1) 세레다의 요세 벤 요제르와 요세 벤 요하난
2) 여호수아 벤 페라야와 마태(또는 니타이)
3) 예후다 벤 타바이와 시므온 벤 셰타
4) 셰마야와 압탈리온
5) 힐렐과 샤마이

당시에는 사두가이파(sadducees)와 바리사이파(pharisees)라는 두 집단이 정치적인 라이벌 관계를 형성하고 있었다. 사두가이파 사람들은 기록된 토라만을 받아들였고, 바리사이파 사람들은 기록된 토라와 구전 토라를 함께 받아들였다. 대부분의 정치 집단에서 보수파가 진보파보다는 경제적으로 부유한 것처럼, 보수적인 사두가이파 사람들은 부유층이었던 반면에 진보적인 바리사이파 사람들은 대부분 서민층이었다. 사두가이파 사람들은 대부분 예루살렘 성전이 무너지기 전에 성전에서 봉사하며 신권 통치를 행하던 제사장 계급 출신들이었으며, 바리사이파 사람들은 평신도 율법 학자 출신이었다. 후에 에스라와 느헤미야의 인도로 예루살렘에 귀환한 이스라엘 백성은 무너진 성전을 재건한다. 이 성전을 제2성전이라고 하는데, 이 성전은 기원후 70년 로마에 의해 무너졌다. 제2성전이 무너지면서 사두가이파도 역사의 무대에서 사라진다.

마지막 주고트인 힐렐과 샤마이의 제자들은 각각 힐렐 학파와 샤마이 학파를 형성했는데, 이 두 학파는 기원전 1세기 끝 무렵부터 기원후 2세기 시작 무렵까지 격렬한 논쟁을 벌이면서 이스라엘의 정신적인 지주 역할을 했다. 힐렐과 샤마이는 둘 다 바리사이파 출신이며, 그들의 제자들도 모두 바리사이파 사람들이었다. 율법 해석에서 힐렐은 진보적이었던 반면에 샤마이는 보수적이었다. 힐렐은 과거의 율법을 시대 상황에 맞게 재해석하여야 한다고 주장했고, 샤마이는 과거의 율법을 글자 그대로 따라야 한다고 주장했다. 정치적인 집단의 경우와 마찬가지로, 보수적인 샤마이 학파 사람들이 진보적인 힐렐 학파 사람들보다 경제적으로 부유했다.

기원후 70년 제2성전이 무너지고 유대인들이 팔레스타인을 떠나 로마 제국 내의 여러 곳으로 뿔뿔이 흩어진 다음, 유대인의 정신적인 지도자 역할을 하던 바리사이파 사람들은 유대인과 유대교의 동질성을 유지할 수 있는 방법을 고안해 낸다. 성전이 무너짐으로써 유대교의 중심축이었던 성전 제사도 사라졌다. 에스라 이후 제2성전이 재건되는 동안 이스라엘의 최고 의결 기관 역할을 하던 산헤드린도 없어졌다. 사방으로 흩어진 유대인을 하나로 묶을 수 있는 방법이 없었다. 이 도시 저 도시에서 수많은 선생들이 나타나 저마다 자기의 가르침을 폈다. 유대교는 수많은 작은 집단으로 분열될 위기를 맞은 셈이다.

이런 상황에서 유대교의 위대한 스승인 라비 아키바가 나타나서, 수

많은 라비들의 가르침을 모아 여섯 범주로 정리하기 시작했다. 이 작업은 아키바의 뒤를 이은 라비 유다 하-나시의 편집 작업을 거쳐 완성되었다. 이것이 곧 유대교를 지탱하는 하나의 기둥이 된 '미슈나(Mishna)'이다. 라비 유다 하-나시는, 합법적인 유대교의 관습과 사상을 반영하고 있다고 생각하는 가르침이 어떤 라비의 가르침인지를 밝히지 않고 익명으로 미슈나에 포함시켰다. 반면에 어떤 가르침이 중요하고 흥미도 있지만 소수의 의견일 경우에는 그것이 누구의 견해라고 밝히면서 미슈나에 포함시켰다. 라비 유다 하-나시는 기원후 200년 무렵에 미슈나의 편집 작업을 끝냈다.

미슈나는 입에서 입으로 전해진 '구전 토라'이다. 내용은 주로 기록된 토라에 대한 전통적인 해석과 토라를 실생활에 어떻게 적용할 것인지에 대한 가르침으로 되어 있다. 정통파 유대인들은, '구전 토라'는 하느님께서 모세에게 직접 주신 것이라고 믿는다. 모세는 그것을 여호수아에게, 여호수아는 예언자들에게, 예언자들은 최고 회의 학자들에게 입에서 입으로 가르침을 전했고, 느헤미야 8-9장에 나오는 것처럼 에스라와 같은 학자들이 그것을 일반 백성에게 가르침으로써 오늘날까지 전해 오게 되었다고 믿는다. 입에서 입으로의 전승은 대략 기원후 2세기 무렵까지 진행되었고, 그 후에는 구전되던 내용들이 편집되어 문서로 기록되었다. 그 기록물을 '미슈나'라고 한다.

글자대로 '위대한 가르침'이라는 뜻의 '미슈나'는 일종의 법률 조항인데, 여섯 범주로 구분되어 있다. 이 여섯 범주를 '세다림(sedarim)'이라고 하며 그 구분은 다음과 같다.

1) 제라임(Zera'im, 씨앗) —— 농사에 관련된 법에 대한 가르침.

2) 모에드(Mo'ed, 축제) —— 안식일과 축제와 관련된 가르침.

3) 나심(Nashim, 여자) —— 약혼과 결혼과 이혼과 관련된 가르침.

4) 네지킨(Nezikin, 傷害) —— 경제와 다른 사회적인 범죄와 관련된 가르침.

5) 코다심(Kodashim, 聖物) —— 제사와 성전(聖殿)과 관련된 가르침.

6) 토하로트(Toharot, 정결) —— 제의적인 정결과 부정에 대한 가르침.

세다림의 각 단락에는 주제별로 논문이 실려 있다. 이 논문을 마세크토트(masekhtot)라고 하는데, 각 범주(세다림)마다 7편에서 12편씩 모두 63편(또는 구분 방법에 따라서는 60편)의 논문(마세크토트)이 포함되어 있다. 각 마세크토트는 다시 '미슈나요트(mishnayot)'라고 부르는 작은 단락으로 나누어져 있다.

미슈나가 편찬된 후 몇 세기 동안, 예루살렘과 바빌론에서 미슈나 본문에 해석을 덧붙이는 작업이 진행되었다. 이 덧붙여진 해석을 '게마라(Gemara)'라고 한다. 통상적으로 미슈나와 게마라를 합쳐서 탈무드라고 하는데, 이것은 5세기 무렵에 완성되었다.

토라가 헌법이라면 미슈나는 헌법에 기초한 일반 법률이라고 말할 수 있다. 또 미슈나에 대한 토론 모음집인 게마라는 일종의 판례집이라고 할 수 있다. 헌법이 모든 법의 토대이기는 하지만, 사람들의 일상생활은 일반 법률과 그것을 어떤 상황에 어떻게 적용하느냐를 다룬 판례의 지배를 받는다. 마찬가지로 유대인의 삶은 미슈나와 게마라 곧 탈무드의 지배를 받는다.

미슈나와 게마라로 이루어진 탈무드 작업에 참여한 사람들의 명칭은 여러 가지이다. 미슈나에 가르침과 견해가 소개된 스승들을 '타나임(Tannaim)'이라고 한다. 타나임의 대부분은 '나의 선생님'이라는 뜻의 '라비'라는 칭호도 받았다. 후에 이 이름은, 탈무드 학교에서 미슈나가 편집되던 시대에 구전되던 가르침을 기억에 의해 반복해서 낭송하는 전문가를 가리키는 말로 그 뜻이 확대되어 사용되었다. 따라서 타나임은 일종의 '살아 움직이는 책'의 역할을 한 사람들이다. 그 가운데서 최고회의의 마지막 의장(나시)이었던 힐렐의 후계자들을 '라반(Rabban)'이라고 칭했다.

미슈나가 완성된 다음 그에 대한 해석인 게마라가 편집되던 시대에, 게마라에 자신의 가르침과 견해가 소개된 라비들을 '아모라임(Amoraim)'이라고 부른다. '라비'라는 칭호는 이스라엘 땅에서만 받을 수 있던 이름이었다. 그래서 바빌로니아에서 활동하던 스승들은 라비라는 칭호를 받을 수 없었다. 그들은 스스로 자신들을 낮추어서 '라브(Rav)' 또는 '마르(Mar)'라고 불렀다. 이들은 스스로를 낮추어서 불렀지만, 토라와 미슈나의 해석에서는 오히려 뛰어난 점이 있었다. 그래서 사람들은 이들이 만든 바빌로니아 탈무드를, 예루살렘에서 라비들이 만든 예루살렘 탈무드보다 더 가치가 있는 것으로 받아들인다.

내용과 분량 면에서도 바빌로니아 탈무드가 예루살렘 탈무드보다 훨씬 더 방대하고 포괄적이다. 그래서 보통 '탈무드'라고 하면 이 바빌로니아 탈무드를 가리킨다. 탈무드에는 라시(Rashi)와 마이모니데스

(Maimonides) 같은 뛰어난 학자들의 주석이 덧붙어 있다. 현재에는 아딘 슈타인살츠(Adin Steinsalz) 같은 학자가 미슈나와 게마라와 라시의 주석에 자신의 주석을 덧붙인 탈무드를 계속 편찬해 내고 있다.

탈무드는 히브리어와 아람어로 되어 있다. 공식적인 구절은 히브리어로 되어 있고, 그 구절에 대한 주석이나 설명은 아람어로 되어 있다. 탈무드는 엄청나게 많은 수의 라비들의 작품이다. 탈무드의 저자인 라비들 곧 아모라임은 거의 모두 학자였는데 이들은 학교에서 학생들에게 율법을 가르치는, 요즈음의 대학 교수에 해당하는 공식 직책을 맡고 있던 사람들이었다.

바빌로니아 탈무드가 완성된 다음에 마지막 편집 작업을 한 사람들을 '사보라임(Saboraim)' 또는 '스타마임(Stamaim)'이라고 부른다. 따라서 사보라임은 지금 전해지고 있는 탈무드의 형태를 완성한 사람들이라고 볼 수 있다. 탈무드 형성에 기여한 사람들을 가리키는 이름이 이렇게 다양하지만, 흔히 이들을 모두 '라비'라고 부르기도 한다.

유대인들은 탈무드의 형성 과정을 다음과 같이 7세대로 나눈다. 각 세대의 대표자들은 바빌로니아에서 활동한 수많은 라브 아모라임 가운데서 뛰어났던 사람들이다.

1) 제1세대

아바 아리카(247년에 죽음) ── 위대한 탈무드 학교인 '수라'의 설립자이다.

사무엘(254년에 죽음) ── 네하르데아에 탈무드 학교를 설립했다. 이 학교는 후에 품베디타로 이전했다.

2) 제2세대

후나(297년에 죽음)──아바 아리카의 뒤를 이어 '수라' 학교를 이끌었다.

유다(바르 에제키엘, 299년에 죽음)──품베디타로 옮긴 탈무드 학교를 이끌었다.

3) 제3세대

히스다(309년에 죽음)──'수라' 학교의 교장이었다.

나하만(바르 야곱, 320년에 죽음)──네하르다에서 활동했다. 바빌로니아에 거주하던 유대인들을 위한 법정의 최고 재판관이었다.

라바하(바르 나하마니, 330년에 죽음)──그 시대에 가장 뛰어난 학자였다. 품베디타 탈무드 학교에서 가르쳤으며, 빈틈없는 논리로 명성을 떨쳤다.

4) 제4세대

아바예(339년에 죽음)──품베디타 탈무드 학교의 교장이었다.

라바(바르 요셉 바르 하마, 352년에 죽음)──마호차에 탈무드 학교를 설립했다. 아바예와 라바는 둘 다 제3세대 라바하의 제자인데, 이 두 사람의 의견과 논쟁은 바빌로니아 탈무드의 거의 모든 페이지에 실려 있을 정도이다.

5) 제5세대

파파(375년에 죽음)──아바예와 라바에게 배웠으며, 나르시에 있는 탈무드 학교를 이끌었다.

6) 제6세대

아시(427년에 죽음)──'수라' 학교의 교장이었다. 아시를 바빌로니아 탈무드의 마지막 편집자로 보는 사람도 있다.

7) 제7세대

마르 바르 아시(아시의 아들, 468년에 죽음) —— '타브요미' 라는 이름으로도 알려져 있다.

마지막으로 탈무드를 만들어 낸 라비란 유대인 사회에서 어떤 역할을 하는 사람들인지 살펴보자. 라비는 종교 의식을 집례하는 제사장이 아니다. 제사장은 특별한 종교 의식을 집행할 수 있는 권위를 가진 사람이다. 제사장을 일컫는 코헤인(Kohein)은 하느님이 제사장으로 선택한 아론의 후손이다. 코헤인은 성전에서 행하던 여러 가지 제사를 주관하는 특별한 지위에 있었다. 성전이 무너진 다음에는 코헤인의 역할이 급격히 줄어들었고, 반면에 라비가 중요한 위치를 차지하게 되었다. 그럼에도 불구하고 코헤인의 혈통은 지금까지 이어져 내려오고 있다. 1997년에 조사한 한 결과에 따르면, 세 나라에 살고 있는 코헤인들의 DNA를 검사한 결과 동일한 Y염색체를 가지고 있는 것으로 판명되었다. 이것은 그들이 한조상의 후예라는 것을 입증해 주는 것이다. 코헤인에게는 안식일에 맨 먼저 토라를 낭독하는 특권이 주어져 있다. 코헤인들은 이것을 대단한 영광으로 여긴다. 그들은 매년 절기 때마다 백성들을 축복하는 말씀을 선포하는 일도 한다.

하지만 라비에게는 종교적인 의식을 집행할 권한이 없다. 유대교에서는 종교 의식을 집행할 권한이 아론의 후손인 코헤인에게만 주어져 있다. 물론 코헤인이 라비가 될 수는 있다. 하지만 꼭 코헤인이어야만 라비가 되는 것은 아니다. 유대인의 법률인 할라카(hallakhah)와 전통을 가르칠 수 있을 만큼 충분히 공부한 다음, 유대인들이 삶에서 부딪치는 문제들에 대해 할라카에 근거하여 대답해 줄 수 있는 성인 남자는 누구라도 라비가 될 수 있다.

예루살렘 제2성전은 기원후 70년에 로마에 의해 무너졌다. 그 이후 성전 제사를 주관하던 코헤인의 역할은 거의 필요없게 된 반면에 라비들은 유대인의 종교적인 삶 전반을 이끌어 가는 중요한 위치를 차지하게 되었다. 유대인 공동체에서 라비는 기독교의 목사들과 비슷한 역할을 한다. 라비들은 공동체 구성원들의 삶을 보살피고, 종교적인 집회를 인도하며, 회당과 관련된 여러 가지 행정적인 업무를 수행한다. 그러나 종교적인 집회나 행사를 인도하는 권한이 라비에게만 특별하게 주어진 것은 아니다. 라비가 아니더라도 자기가 무엇을 하고 있는지를 알 만큼 충분히 공부한 유대인은 누구라도 종교적인 집회나 행사를 인도할 수 있다. 그리고 그런 사람이 인도하는 집회나 행사는 라비가 인도하는 것과 똑같은 권위를 갖는다.

2. 탈무드의 편집과 문학적 특징

탈무드의 본문은 라브 아시와 라비나를 "가르침의 끝"이라고 말한다. 미슈나의 마지막 편집자인 라비 유다를 "미슈나의 끝"이라고 부르는 것에 비추어 보면, 이들 두 사람이 탈무드의 마지막 편집자라는 뜻으로 볼 수 있다. 탈무드에는 '라비나'라는 인물이 여럿 등장하는데, 여기서 말하고 있는 라비나는 아시와 같은 시대에 살았던 사람이다. 비록 탈무드에서 이들 두 사람을 "가르침의 끝"이라고 했더라도, 전통적으로는 라브 아시를 탈무드의 최종 편집자로 본다. 하지만 탈무드에는 라브 아시가 죽은 뒤 몇 세대 후에 활동했던 인물들의 이름도 나오고 있다. 그러므로 라브 아시를 탈무드의 진짜 최종 편집자로 볼 수는 없다. 다만 그 시대까지 기억과 구전(口傳)에 의존하고 있던 많은 가르침을 라브 아시가 모아서 탈무드의 큰 틀을 완성시켰다고 볼 수 있다.

987년에 품베디타 탈무드 학교 교장이었던 라브 셰리라 가온(Rav Sherira Ga'on)은 탈무드의 문학과 연대기를 다룬 주목할 만한 연구 결과를 발표했다. 그는 탈무드에 나오는 "가르침의 끝"이라는 구절을 탈무드의 마지막 편집 작업을 가리키는 말로 인정하기는 하지만, 라브 아시가 마지막 편집자라는 견해는 받아들이지 않는다. 라브 아시는 마지막 편집 작업을 시작한 사람에 지나지 않고, 완성은 5세기 끝 무렵에 활동한 라브 요세와 라비나에 의해 이루어졌다고 주장한다.

탈무드 본문을 세심하게 분석한 현대의 학자들은, 탈무드의 편집 작업이 여러 세기 동안 진행되었다는 견해를 제시한다. 탈무드에는 이름이 밝혀지지 않는 사람들의 주장이나 견해도 상당히 많이 포함되어 있는데, 현대의 학자들은 이것들을 '사보라임(Savoraim)' 또는 '라바난 사보라에이(Rabbanan Sabora'ei)'의 작품으로 본다. 사보라임은 6세기 무렵에, 아마 이슬람이 침공하기 전까지 바빌로니아에서 활동한 익명의 학자들을 가리키는 듯하다.

탈무드가 만들어진 바빌로니아는 현재 이라크의 영토이다. 고대 헬라 세계에서는 '두 강 사이'라는 뜻의 '메소포타미아'라는 말로 부르던 지역이다. 탈무드가 형성되던 기간에는 페르시아의 사산 왕조가 바빌로니아를 지배하고 있었다.

탈무드는 미슈나에 나오는 주제에 대한 논쟁과 토론 형식으로 진행된다. 그 가운데에는 실제로 아모라임 사이에서 벌어진 논쟁과 토론도 있지만, 대부분은 "만약 아무개 라비가 이렇게 말했다고 하자……"라는 식의 가정법으로 되어 있다. 미슈나의 어떤 구절에 대해 의견을 제시하는 라비는, 그 주제에 대한 여러 가지 의견과 해석을 제시한 다음 논쟁과 토론을 통해 종합적인 결론을 이끌어 내기 위해 애쓴다. 탈무드는 법률책이 아니지만 법이 논의되고 있고, 역사책이 아니지만 역사가 이야기되고 있으며, 인물사전이나 백과사전은 아니지만 수많은 사람과 사건에 대한 이야기를 다루고 있다. 탈무드는 인간의 삶과 관련된 거의 모든 문제를 다루고 있다. 한 마디로 말해서, 인간의 삶과 관련해서 유대인들이 5천 년 동안 고민하고 탐구한 결과로 나온 지혜의 보고(寶庫)라고 할 수 있다.

탈무드의 분량은 거의 1만 5천 페이지에 달하는데, 보통 20권으로 묶어서 펴 낸다. 판형(版形)은 여러 가지이다. 학생들이 가지고 다닐 수 있도록 만든 소형, 중간 정도의 보통 책 크기, 그리고 아주 큰 대형이 있다. 대형은 보통 회당에서 사용하거나 대학이나 도서관 증정용, 또는 결혼식 선물용으로 쓰인다. 15세기에 구텐베르크가 인쇄술을 발명하기 전까지는 손으로 베껴 쓴 탈무드가 통용되었다. 첫번째로 인쇄된 탈무드는 거의 400년 동안 140판을 찍었다. 그러다 보니 인쇄 상태가 매우 나빠졌다. 그래서 1839년에 리투아니아의 빌나(Vilna)에서 탈무드의 새 판을 만들었다. 이 판은 2차 세계대전 당시 나치에 의해 파괴되었다. 나치는 인쇄기를 압수하고, 활자와 지형을 모조리 파괴한 다음

인쇄소 건물에 불을 질렀다. 남은 것은 잿더미와 녹은 납덩이뿐이었다. 그들은 유대인의 책은 모조리 불에 태웠다. 그러나 다행스럽게도 빌나에서 찍은 수천 질의 탈무드가 이미 세계 곳곳의 유대인 학자들의 손에 들어가 있었다.

3. 탈무드에 사용된 자료

1) 토라(Torah)

'율법'이라고 번역되는 토라에는 문서 토라와 구전(口傳) 토라가 있다. 문서 토라는 기독교에서 구약성서라고 하는 히브리어 성서를 가리킨다. 유대인들은 이 성서를 '타나크(Tanakh)'라고 하는데, 타나크에는 율법서인 '토라,' 예언서인 '네비임(nevi'im),' 성문서(聖文書)인 '케투빔(ketuvim)'이 포함되어 있다. '타나크'라는 용어 자체가 토라와 네비임과 케투빔의 머릿글자를 따서 만든 말이다.

그 가운데 '토라'는 추마시(Chumash) 또는 모세오경(五經, Penta-teuch)이라고도 하는데, 문맥에 따라 다음의 뜻으로 사용된다.

첫째, 양피지에 제의적인 서체(書體)인 소페르(sofer)로 기록한 모세오경 두루마리를 가리킨다. 이것은 가장 좁은 의미에서의 토라이다.

둘째, 어떤 재료에 어떤 방식으로든지 기록된 모세오경을 가리킨다. 이 경우에는 토라가 종이로 된 책일 수도 있고 시디롬일 수도 있다. 주석이 붙어 있는 것일 수도 있고, 주석이 없는 것일 수도 있다. 어떤 형태로든 인쇄된 토라는 추마시 또는 모세오경이라고 부른다. 하지만 양피지에 기록된 토라 두루마리를 추마시라고 부르지는 않는다.

셋째, 경우에 따라서는 '토라'가 유대인의 법률 전체를 가리키기도 한다. 여기에는 기록된 문서 토라, 구전 토라, 미슈나, 탈무드, 후대의 주석들이 모두 포함된다. 이것이 유대인들이 말하는 '토라'의 가장 보편적인 정의이다.

2) 타나크(Tanakh)

유대인에게는 '구약성서'라는 것이 없다. 기독교인들이 신약성서라고 부르는 것은 유대교의 경전이 아니다. 기독교인들이 구약성서라고 부르는 것을 유대인들은 '타나크(기록된 토라)'라고 한다.

각 책의 내용은 기독교인들이 사용하는 구약성서와 대체적으로 비슷하다. 하지만 장과 절 구분에서 약간 차이가 나는 경우가 있고, 몇 군데에서는 내용이 상당히 다르기도 하다. 기독교에서는 『사무엘』, 『열왕기』, 그리고 『역대기』를 상하로 나눈다. 그러나 유대인의 타나크는 각각 한 권으로 되어 있다. 이 책들은 원래 한 권으로 되어 있는데, 과거에 인쇄술이 발명되기 이전에 분량이 너무 커서 한 권으로는 출판할 수가 없기 때문에 편의상 둘로 나눈 것이다. 타나크에 붙어 있는 장과 절도 중세 기독교인들이 구분해 놓은 것을 후에 유대인들이 받아들인 것이다.

전통적인 견해는 타나크(구약성서) 전체를 하느님께서 이스라엘 백성에게 주셨다는 것이다. 그러므로 타나크는 하느님의 말씀이다. 이 견해에 따르면 타나크의 기원은 다음과 같다.

(1) 토라(율법서, 모세오경, 추마시)는 하느님께서 모세에게 불러 주

234

는 것을 모세가 의식이 명료하게 깨어 있는 상태에서 받아 적은 것이다.

(2) 네비임(예언서)은 하느님께서 꿈이나 환상 등의 방편을 통해 예언자들에게 전달해 준 것을 예언자들이 각자 자기의 스타일대로 기록한 것이다. 하느님은 모세를 뺀 모든 예언자들에게는 꿈과 환상을 통해 말씀하셨다. 그래서 사람들은 예언서를 모세오경보다 차원이 낮은 것으로 여긴다. 예언자들을 통해서는 특별한 율법이 주어지지 않았다. 이스라엘에는 예언서의 저자들 외에도 수많은 예언자들이 있었다.

(3) 케투빔(聖文書)은 여러 저자들이 신적인 영감을 받아 기록한 문서로, 예언서보다 한 차원 낮은 것으로 평가된다. 여기에도 많은 꿈과 환상이 포함되어 있지만, 예언서에 나오는 꿈과 환상과는 달리 역사적인 현실로 실현되지 않았다. 그래서 사람들은 케투빔에 기록되어 있는 꿈과 환상들을 문학적인 은유로 받아들였다.

3) 토세프타(Tosefta)

구전 율법의 기본 텍스트인 미슈나가 편집된 기원후 200년 무렵에 구전 율법이 또 다른 형태로 편집되었다. 그것을 토세프타라고 한다. 탈무드의 유명한 주석가인 라시의 말에 따르면, 미슈나는 라비 유다 하-나시가 율법 학교의 라비들과 협의하면서 편집했지만, 토세프타는 라비 히야와 라비 오샤야가 자신들의 견해에 따라 편집했다고 한다. 그래서 토세프타는 미슈나보다 권위가 떨어진다. 토세프타는 범주의 구분이나 그 안에 실린 논문의 배열 등에서 미슈나의 편집 체제를 거의 그대로 따르고 있다. 그래서 사람들은 토세프타를 미슈나의 부록 정도로 여긴다.

4) 바라이타(Baraita)

미슈나 편집자들의 가르침이다. 미슈나를 만들어 낸 라비들을 '탄나임(Tanna'im)'이라고 하는데, 이들의 가르침 중에서 미슈나에 편입되지 못한 것들이 있다. 이것을 바라이타라고 한다.

5) 예루살렘 탈무드 저자들의 가르침

예루살렘은 토라 연구의 중심지였다. 미슈나가 편찬된 후, 바빌로니아에서 탈무드가 형성되고 있던 동시대에 예루살렘에서도 탈무드가 만들어지고 있었다. 바빌로니아 탈무드는 예루살렘 탈무드 형성에 참여하고 있는 학자들의 견해를 폭넓게 소개하고 있다.

6) 하가다(Haggadah)

하가다는 율법의 범주에 들지 않는 라비들의 가르침이다. 하가다에는 라비들의 성서 해석, 회당 설교, 도덕적인 교훈과 금언, 라비에 얽힌 일화, 민담, 치료에 도움을 주는 요리법, 라비들이 만들어 낸 규율 등이 포함되어 있다.

7) 바라이토트(Baraitot)

미슈나에 편입되지 않은 법조문이나 법률과 관계된 권위 있는 글을 모두 바라이토트라고 한다. 탈무드의 중요한 부분인 게마라는 법적인 문제를 다룰 때 미슈나뿐만 아니라 바라이토트도 종종 인용하고 있다. '바라이토트'는 '외부의 가르침'이라는 뜻이다.

8) 미드라시(Midrash)

'해석' 또는 '해설'이라는 뜻을 가지고 있는 미드라시는 보통 세 가지 뜻으로 쓰인다. 첫째, 전통적으로 라비들이 성서 본문을 읽거나 해석하기 위해 적용한 특별한 방법을 가리킨다. 둘째, 미드라시의 가르침을 모아 놓은 책을 가리킨다. 셋째, 성서의 어떤 구절을 첫번째 방법으로 풀이한 해석을 가리킨다.

미드라시는 대부분 성서에 나오는 사건을 근거로 만든 교훈적인 이야기이다. 그 가운데는 성서 이야기의 공백을 메우기 위해 만들어진 것들도 있다. 예를 들면 『창세기』 22:2에 하느님께서 아브라함에게 "너의 아들, 너의 외아들, 네가 사랑하는 아들, 이삭을 데리고 모리아 땅으로 가거라. 내가 너에게 일러 주는 산에서 그를 번제물로 바치라."라고 말씀하시는 장면이 나오는데, 하느님은 왜 '이삭을 데리고 가서 번제물로 바치라'고 단도직입적으로 말씀하지 않으시고, "너의 아들," "너의 외아들," "네가 사랑하는 아들," "이삭" 하는 식으로 말씀하셨는가에 대한 설명이 미드라시에 나온다. 미드라시에 나오는 한 이야기에 따르면 성서에는 하느님의 말씀에 대한 아브라함의 응답이 빠져 있다는 것이다. 하느님께서 "너의 아들을 번제물로 바치라." 하시자 아브라함은 "어떤 아들을요?" 하고 물었다. "너의 외아들을 바치라." 하시자 "저는 아들이 둘이 있는데요?" 하고 되물었다. 아브라함에게는 이스마엘이라는 아들이 또 있었다. "네가 사랑하는 아들을 바치라." 하시자 아브라함은 "저는 둘 다 사랑하는데요."라고 대답했다. 그러자 하느님께서 마지막으로 "이삭을 바치라."라고 말씀하셨다는 것이다.

9) 할라카(Halakha)

미드라시 가운데서 주로 법적인 문제를 다룬 『출애굽기』, 『레위기』, 『신명기』에 대한 해석을 할라카라고 한다.

10) 세페르 예치라(Sefer Yetzirah)

세페르 예치라(창조의 책)는 유대교 신비주의인 카발라 전통에서 가장 오래된 문헌이다. 본문이 긴 것은 2,500 단어, 짧은 것은 1,300 단어 밖에 안 되는 아주 작은 책이다. 세페르 예치라에 대한 첫번째 주석은 10세기에 나왔지만, 이 책 자체의 기원은 역사가들이 밝혀 내지 못할 만큼 오래되었다. 탈무드에는 이 책이 인조 인간을 포함하여 살아 있는 생명체를 만들어 내는 데 쓰인 마술적인 책이라는 언급이 있다. 세페르 예치라는 타나크(히브리 성서)와 미드라시에 대한 광범위한 이해가 없이는 접근하기 어려운 난해한 책이다.

11) 세페르 바히르(Sefer Bahir)

세페르 바히르(조명〔照明〕의 책)는 신비주의 전통인 카발라의 고문헌 가운데 하나이다. 조하르가 출판되기 이전에는 카발라 전통에서 가장 영향력 있는 책이었다. 조하르에도 이 책을 인용하거나 부연 설명을 한 부분이 많으며, 토라의 가장 유명한 주석가인 마이모니데스도 이 책을 상당히 많이 인용하고 있다.

'바히르(Bahir)' 라는 책 이름은 '빛나는' 또는 '빛을 비추는' 이라는 뜻인데, 이것은 『욥기』 37장 21절에서 인용한 "하늘에서 빛나는 빛이 눈부십니다. 쳐다볼 수 없을 만큼 밝습니다." 라는 이 책의 첫 구절에서 비롯되었다.

12) 조하르(Zohar)

카발라 전통에서 나온 문서이다. 조하르의 내용은 나이가 40이 안된 사람에게는 가르치지 못하도록 되어 있다. 그만큼 오해할 가능성이 많은 문서라는 뜻이다. 조하르는 주로 히브리어 알파벳과 낱말에 담긴 비밀스러운 영적인 뜻을 설명하는 내용으로 되어 있다.

'조하르'는 '광채'라는 뜻이다. 이 문서는 아람어로 되어 있으며, 2세기에 팔레스타인에서 활동한 라비 시몬 벤 요하이의 가르침으로 알려져 있다. 전설에 따르면 라비 시몬은 로마의 박해를 피해 아들과 함께 동굴 속에 숨어 13년 동안 토라를 연구했다고 한다. 그때 하느님의 영감을 받아 기록한 책이 조하르라고 한다. 하지만 13세기 이전의 유대교 문헌에는 조하르에 대한 언급이 전혀 없다. 그래서 후대인의 위작(僞作)이라는 주장이 있다.

하지만 어떤 저작물의 권위를 높이기 위해 고대의 잘 알려진 라비의 이름을 붙이는 것은 일반적인 관습이었다. 따라서 중요한 것은 저자가 누구이냐가 아니라 그 내용이다. 조하르에는 세페르 예치라와 세페르 바히르에 나오는 자료들이 훨씬 정교하게 다듬어진 상태로 포함되어 있다. 이런 점에서 카발라 전통에서 가장 뛰어난 작품이라는 데 이견이 없다.

4. 탈무드 주석

1) 라시의 탈무드 주석

라시(1040-1105)는 프랑스 트로이 지방에서 활동한 라비이다. 라시의 주석은 탈무드 본문의 안쪽 여백에 '라시체'라고 부르는 필기체로 기록되어 실려 있다. 이것은 실제로 라시가 이런 글씨체로 쓴 것이 아니고, 인쇄하는 사람들이 본문과 주석을 구분하기 위해 글씨 모양을 다르게 한 것이다. 라시의 주석은 바빌로니아 탈무드의 거의 모든 페이지에 실려 있다.

라시의 주석에는 탈무드 각 구절의 논리적인 구조와 낱말의 뜻이 설명되어 있다. 다른 주석가들과는 달리 라시는 어떤 본문도 제외하거나 의역하지 않고 본문 전체의 뜻을 신중하게 설명한다. 라시는 또한 탈무드의 정확한 본문을 결정하는 데에 결정적인 공헌을 했다. 그는 여러 사본을 비교 검토한 후에 가장 정확하다고 판단되는 본문을 가려내는 데 노력을 기울였다.

라시의 주석이 바빌로니아 탈무드의 거의 모든 페이지에 나오기는 하지만, 탈무드 본문의 모든 주제를 다루고 있지는 않다. 어떤 경우에는 다른 사람이 쓴 주석이 라시의 이름으로 편집되어 있기도 하다. 심지어는 라시가 죽은 다음에 제자들이 완성한 주석이 라시의 주석으로 편집되어 있기도 하다. 예를 들어 라시의 주석에 포함되어 있는 '마코트'에 관한 해설의 마지막 부분은 그의 사위인 라비 유다 벤 나단의 작품이고, '바바 바트라'에 관한 해설은 손자인 라시밤(라비 사무엘 벤 메이어)이 완성했다. 이런 현상은 라시 이후 그에 버금갈 만한 주석가가 나오지 않았음을 암시하고 있다. 그러나 20세기 후반에는 라비 아딘 슈타인살츠라는 걸출한 학자가 나와서 보다 포괄적인 주석을 포함시킨 탈무드를 새로 편찬해 내고 있다.

2) 토사포트(Tosafot)

토사포트는 라시의 뒤를 이은 여러 라비들의 탈무드 주석이다. 토사포트를 기록한 라비들은 대부분 라시의 후손들이었다. '토사포트'는 '부록' 또는 '증보'라는 뜻인데, 이는 토사포트의 저자와 편집자들이 자신들의 작품을 라시의 주석을 보충하는 성격을 가지고 있다고 보았음을 의미한다.

토사포트는 탈무드와 동일한 논쟁과 논증 방식을 취하고 있다. 그래서 토사포트를 라시의 주석에 대한 부록이 아니라 탈무드 자체의 부록으로 보는 사람도 있다. 토사포트는 탈무드 본문의 바깥쪽 여백에 라시체로 기록되어 있다. 그리고 각 논쟁의 첫머리 글자는 항상 큰 글씨로 인쇄되어 있다. 여러 종류의 탈무드 표준판이 있는데, 그것들은 널리 유포되어 있는 여러 토사포트 사본들에서 각자 임의로 선택한 토사포트를 싣고 있다. 토사포트만 따로 출판되기도 한다.

토사포트는 대단히 많은 사람들의 작품이다. 그 가운데서 뛰어난 저자들은 다음과 같다.

(1) 라비 야곱 벤 마이어(랍베누 탐, 1100-71) —— 라시의 손자이며 프랑스에서 활동했다. 관습에 묶이지 않고 탈무드에 대한 자유로운 주석을 시도한 첫번째 인물로 꼽힌다. 그는 당시 프랑스의 현실과 조화를 이루기 위해서 대담하고 독창적인 견해를 많이 제시했다.

(2) 라비 사무엘 벤 마이어(라시밤, 1080-1158)——라시의 손자이며, 랍베누 탐의 형이다. 그는 토사포트뿐만 아니라 토라에 관한 주석도 남겼다. 그의 토라 주석은 학문적인 객관성과 평이함으로 정평이 나 있다. 그의 토라 주석은 전통적인 라비의 해석을 강요하지 않고, 본문의 문맥에 따른 의미를 평이하게 밝히고 있다.

(3) 담피에레의 라비 이삭——랍베누 탐과 라시밤의 조카이다. 그는 12세기에 프랑스에서 활동했으며, 대단히 많은 양의 토사포트를 남겼다.

(4) 센스의 라비 삼손 벤 아브라함——12세기 말엽부터 13세기 초엽까지 프랑스에서 활동한 라비이며, 담피에레의 라비 이삭의 가장 뛰어난 제자였다. 말년에는 예루살렘에서 활동했다. 그는 토사포트뿐만 아니라, 바빌로니아 탈무드에서는 다루지 않은 미슈나의 두 범주에 대한 주석도 남겼다.

(5) 로텐부르그의 라비 마이어 벤 바룩(1225-93)——라비 마이어는 유대교 시민법 형성에 지대한 공헌을 했다. 그의 제자들은 그가 가르친 규정과 규례를 모아 방대한 법전으로 편찬했으며, 그것은 스페인 영향권 아래에 있는 지역에 사는 유대인들의 표준 규범이 되었다.

토사포트의 저자들은 라시와는 달리 탈무드 본문 전체에 대한 주석을 시도하지 않았다. 그 대신 탈무드나 라시의 주석에서 어떤 특별한 주제를 선택한 다음 그에 대한 깊이 있는 논의를 전개해 나갔다. 그래서 때로는 탈무드의 정확한 본문 결정이나 해석에서 라시와는 다른 견해를 보이기도 한다.

5. 탈무드 형성에 빛을 남긴 현자들

1) 힐렐과 샤마이

힐렐과 샤마이는 같은 시대에 활동한 뛰어난 현자들이었다. 이들은 사상적으로 입장 차이가 있는 '힐렐 학파'와 '샤마이 학파'의 창시자이자 지도자였다. 탈무드에는 두 사람의 상반되는 주장이 300회 이상 나오고 있는데, 대부분 힐렐의 견해가 우세한 경향이 있다.

힐렐은 바빌로니아의 부유한 가정에서 태어났다. 그는 스무 살 때 예루살렘에 와서 세마야와 압탈리온이라는 두 명의 위대한 라비 밑에서 공부했다. 예루살렘에서는 가족의 금전적인 도움을 받지 않고 땔나무를 해서 파는 것으로 자신의 생계를 꾸려 갔다. 앞의 "너는 왜 토라 공부를 게을리하였느냐?"라는 글에서 보았듯이, 수업료가 없어 라비들의 숙소 지붕에 올라가 수업을 듣다가 잠이 들었다는 유명한 이야기는 그의 가난과 학구열을 단적으로 보여 준다.

힐렐은 친절함과 부드러움, 그리고 사람에 대한 애정과 관심으로 이름이 높다. 어느날 두 사람이 힐렐을 화나게 할 수 있는가 없는가를 놓고 내기를 벌였다. 힐렐은 안식일을 준비하기 위해 목욕탕에서 몸을 씻고 있었다. 한 사나이가 문을 두드렸다. 힐렐은 젖은 몸을 수건으로 두르고 문을 열었다.

그러자 그 사나이는 "바빌로니아 사람의 머리는 왜 둥글까요?"라는 어처구니 없는 질문을 했다. "아주 중요한 질문을 했소. 그들의 머리가 둥근 이유는 그들에게 산파가 없기 때문이오." 힐렐은 그 질문에 대답하고 나서 목욕을 마치려고 다시 목욕탕에 들어갔다. 그런데 방금 전

그 사람이 다시 돌아와서 문을 두드리며 "팔미라 사람들은 왜 눈이 나쁘지요?"라고 질문했다. "아주 중요한 질문을 했소. 그것은 그들이 모래가 많고 바람이 심하게 부는 지역에서 살고 있기 때문이오." 이렇게 대답하고 힐렐은 다시 목욕탕으로 들어갔다. 그러나 다시 문을 두드리는 소리가 들렸다. 또 그 사람이었다. 이번에는 "아프리카 사람들은 왜 발바닥이 넓지요?"라고 물었다. "아주 중요한 질문을 했소. 그것은 그들이 늪지에 살기 때문이오." 이런 일이 다섯 차례나 되풀이되었다.

마지막에 그 사나이가 투덜거리며 말했다. "선생님 같은 분이 없었으면 좋았을 텐데! 선생님 때문에 제가 돈을 잃게 되었단 말이에요." 그러자 힐렐이 말했다. "내가 인내력을 잃는 것보다는 당신이 돈을 잃는 편이 낫지 않겠소?"

라비 샤마이는 기술자였다. 그는 자신의 견해에 대해 엄격한 것으로 유명하다. 그는 성격이 엄하고 불 같았다고 한다. 한 번은 유대인이 아닌 어떤 사람이 찾아와서 자기가 한 발로 서 있을 동안 유대인의 율법을 모두 가르쳐 주면 유대교로 개종하겠다고 말했다. 그러자 샤마이는 옆에 있던, 목수들이 잣대로 사용하는 큰 막대기를 집어들고 그를 쫓아버렸다. 반면에 힐렐은 다음과 같은 말로 그 사람을 개종시켰다. "자기가 싫어하는 일을 다른 사람에게 강요하지 마라. 이것이 율법 전체의 가르침이오. 나머지는 해설에 불과하오. 가서 율법을 공부하시오."

2) 라비 아키바(기원후 50-135)

아키바는 탈무드에서 가장 존경받는 라비이자 유대인의 민족적 영웅

이었다. 그는 배운 것이 별로 없었다. 그는 부잣집 양치기로 고용되어 일하는 동안 주인의 딸과 사랑하게 되고, 부자 아버지의 반대를 무릅쓰고 결혼을 했다. 아버지는 두 사람을 내쫓았다. 그때 아내가 남편에게 한 가지 부탁을 했다. "단 한 가지 소원이 있습니다. 부디 공부를 해 주세요!" 그래서 아키바는 자기보다 훨씬 어린 아이들과 함께 학교에 다니기 시작했다.

13년 동안 스승의 가르침을 받은 아키바는 뛰어난 학자가 되었다. 의학과 천문학에도 능통했으며, 여러 가지 외국어도 구사할 수 있었다. 그는 전통적으로 행하던 유대인의 관습을 성서의 본문에 근거하여 체계화시키는 작업을 시작했다. 이것이 후에 미슈나로 발전했다.

아키바는 기원후 132년에 바르 코크바가 로마에서 독립하고자 반란을 일으켰을 때 그 투쟁에 깊숙이 개입했다. 그는 바르 코크바를 메시아라고 믿었다. 그의 그런 믿음을 공개적으로 조롱하는 라비들도 많았다. 바르 코크바의 반란은 실패로 돌아갔고, 아키바는 체포되어 로마에서 사형을 당했다.

135년에 반란이 진압되었을 때, 로마 정부는 학문을 하는 유대인은 사형에 처한다는 포고문을 발표했다. 그들은 유대인들이 전통적인 가르침인 토라를 공부함으로써 민족의 동질성을 유지하고, 그 결과 독립을 도모하는 반란을 일으켰다고 보았기 때문이다. 이때 아키바는 다음과 같은 이야기를 했다.

어느날 시냇가를 걷고 있던 여우가 물고기들이 바쁘게 헤엄쳐 다니는 것을 보고 물었다. "너희들은 왜 그렇게 바삐 헤엄쳐 다니느냐?"

"우리를 잡으려고 치는 그물을 피하려고 그런다네." 물고기가 대답했다.

그러자 여우는 "그렇다면 뭍으로 나오려무나. 언덕으로 올라오면 그물 걱정은 하지 않아도 될 것 아니냐?"라고 말했다.

물고기가 대답했다. "여우야, 너는 매우 영리하다고 들었는데 이제 보니 어리석기 짝이 없구나. 우리가 늘 살던 물 속에서조차 이렇게 무서워하고 있는데, 한 번도 가 보지 않은 언덕에 올라가면 어떤 해를 입을지 어떻게 알겠느냐?"

요컨대 유대인에게는 학문이 물과 같은 것이어서, 물고기가 물을 떠나서는 살 수 없듯이 유대인은 어떻게 해서든지 배우지 않으면 안 된다는 것을 그렇게 말한 것이다.

3) 유다 하-나시(135-219)

유대인 공동체의 장로였던 유다 하-나시는 미슈나를 편집했다. 그는 유대교 사상과 헬라 철학의 대가였으며, 라비 아키바가 세워 놓은 토대 위에 미슈나라는 건물을 세웠다.

4) 라시(라비 실로모 이츠차키, 1040-1105)

라시는 프랑스 북부 지방에서 포도 농사를 지었다. 라시는 바빌로니아 탈무드와 성서에 관한 아주 중요한 주석을 남겼다. 그는 다양하고 방대한 자료를 쉽게 참조할 수 있도록 주석을 편집했다. 그의 주석은 주제에 대한 설명이 매우 간략하고, 초보자도 쉽게 이해할 수 있는 쉬운 말로 되어 있다. 인쇄술이 발명된 이후에 출간된 탈무드의 모든 판에는 탈무드 본문 옆에 늘 라시의 주석이 붙어 있다. 라시의 주석은 지금까지 유대인들의 성서 연구와 탈무드 연구의 기본 교재로 사용되고 있다.

5) 마이모니데스(람밤, 라비 모셰 벤 마이몬, 1135–1204)

마이모니데스는 의사였다. 박해를 피해서 스페인, 서아시아, 북 아프리카 등 여러 곳을 옮겨 다니면서 살았다. 카이로에 있는 유대인 공동체의 지도자였으며, 헬라 철학 특히 아리스토텔레스의 사상에 많은 영향을 받았다.

마이모니데스는 유대인의 법률을 주제별로 편집한 '미슈네 토라(Mishneh Torah)'를 만들었다. 미슈네 토라는 유대인의 법률과 관련해서 생각할 수 있는 거의 모든 주제가 망라되어 있는데, 각 주제에 대한 우세한 견해를 쉬운 말로 설명하고 있다. 그는 자신이 만든 미슈네 토라가 탈무드 연구를 대신할 수 있다고 주장했다. 그래서 많은 유대인들의 박해를 받았다.

마이모니데스는 몇 가지 중요한 신학적인 저술도 남겼다. 그 가운데 『유대교의 13가지 믿음』은, 많은 사람들이 유대교의 신앙을 간략하게 요약한 것으로 받아들이고 있다. 그는 난해한 신학적인 개념들을 아리스토텔레스 학파의 관점에서 다룬 저술도 남겼다.

유대인은 무엇을 믿는가? 이 문제는 생각보다 대답하기가 상당히 어려운 질문이다. 유대교에는 공식적인 교리도 없고 유대인이 되기 위해 지켜야만 되는 신앙 고백도 없다. 유대교에서는 믿음보다는 행위를 더 중요하게 여기는 전통이 있다. 물론 믿음의 체계가 전혀 없는 것은 아니다. 대표적인 것으로 마이모니데스가 정리해 놓은 다음과 같은 13가지 믿음의 조항이 있다.

(1) 하느님은 존재한다.

(2) 하느님은 한 분이다.

(3) 하느님은 형체가 없다.

(4) 하느님은 영원하다.

(5) 기도는 하느님께만 하여야 한다.

(6) 예언자들의 말은 진리이다.

(7) 모세의 예언이 다른 모든 예언자들의 예언보다 우월하다.

(8) 성서의 처음 다섯 책인 기록된 토라와, (지금은 탈무드를 비롯한 여러 문헌으로 형성된) 구전 토라는 하느님께서 모세에게 주신 것이다.

(9) 기록된 토라와 구전 토라 외에 다른 토라는 없다.

(10) 하느님은 인간의 생각과 행위를 아신다.

(11) 하느님은 선행에 대해서는 상을 주시고 악행에 대해서는 벌을 내리신다.

(12) 메시아는 올 것이다.

(13) 죽은 사람은 부활할 것이다.

마이모니데스의 13가지 믿음의 조항은 매우 일반적이고 기본적인 것이다. 그럼에도 불구하고 유대교 내부에서 일어났던 여러 자유주의적인 신앙 운동에서는 이들 가운데 몇 가지 조항을 놓고 심각한 논쟁을

벌였다. 유대교는 다른 종교와는 달리 추상적인 우주론적인 개념에 초
점을 맞추지 않는다. 물론 유대인들도 하느님과 인간의 본성, 그리고
우주, 생명, 사후의 삶 등에 관심을 가지고 있다. 그러나 이런 주제에
대해 공식적으로 이것을 믿어야 된다고 규정해 놓은 것이 없다. 이런
주제에 대해서는 개인의 견해를 얼마든지 발전시키고 표현할 자유가
있다. 앞에서도 말했듯이 유대교는 믿음의 조항보다는 행위에 더 관심
이 많기 때문이다.

유대교는 관계에 초점을 맞추고 있다. 유대교는 하느님과 인간의 관
계, 하느님과 유대 민족과의 관계, 유대 민족과 이스라엘 땅과 다른 민
족과의 관계 등에 관심을 기울인다. (구약)성서는 이런 여러 가지 관계
가 어떻게 시작되고 어떻게 발전했는지를 보여 주는 관계의 역사라고
해도 틀린 말이 아니다. 하느님과 최초의 인류와의 관계, 하느님과 아
브라함의 관계, 하느님과 유대 민족과의 관계, 유대 민족과 이방인과의
관계, 하느님과 모세의 관계, 하느님과 제사장의 관계, 제사장과 일반
백성의 관계, 하느님과 왕의 관계, 왕과 백성의 관계 등 성서는 온통 관
계에 대한 이야기로 가득 차 있다.

성서는 관계를 맺은 당사자들 사이에 지켜야 할 여러 가지 의무에 대
해 상세히 언급하고 있다. 하지만 이런 의무를 보는 관점은 사람마다
다르다. 정통파 유대인들은 의무에 대한 규정이 하느님이 주신, 변할
수 없는 절대적인 것이라고 주장한다. 보수파 유대인들은 성서에 기록
되어 있는 관계와 의무에 대한 규정을 하느님이 주신 것은 사실이지만,
시대에 따라 변화하고 발전할 가능성이 있는 것이라고 주장한다. 반면
에 개혁파 유대인들은 그런 것들은 모두 하나의 지침일 뿐이며, 성서에

기록된 규정을 따를 것이냐 따르지 않을 것이냐는 상황에 따라 자신이 선택하여 결정하여야 된다고 주장한다.

정통파 유대교에서는 토라에 기록되어 있는 관계와 의무에 대한 계명 613가지와 라비들이 오래 전부터 규정해 놓은 수많은 규정을 받아들이고 있다. 유대인의 법전인 '할라카'에는 하느님이 주신 613가지 계명과 라비들이 설립해 놓은 규정들이 깊이 있게 다루어져 있다.